TOUT
SUR LES
Animaux

ROUGE & OR

L'édition originale de ce livre est parue sous le titre
First Encyclopedia of Animals

Rédaction : John Farndon et Jon Kirkwood
Conseillers : Andrew Kemp et Toby Stark

Édition française :

Adaptation française et réalisation : Télémaque International
en collaboration avec Élodie Carraz et Véronique Duthille

Numéro d'éditeur : 10251998
ISBN : 978-2-26-140507-7
Dépôt légal : mars 2013

Conforme à la loi n°49-956 du 16 juillet 1949 sur les publications destinées à la jeunesse,
modifiée par la loi n°2011-525 du 17 mai 2011.

Achevé d'imprimer en juin 2019 par Wing King Tong Products Co. Ltd.,
Shenzhen, Guangdong, Chine

Ton livre

Ce livre va te faire découvrir le monde merveilleux des animaux. Riche d'informations fascinantes, d'activités intéressantes et d'illustrations magnifiques, ce livre te passionnera et te sera aussi utile pour l'école.

◁ Chaque image présentée est accompagnée d'informations précises. Des flèches t'indiquent quel texte correspond à quelle image.

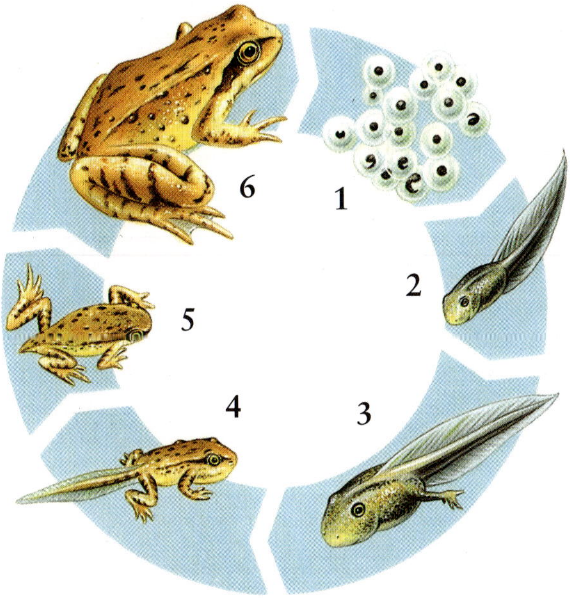

◁ Certaines images sont présentées en séquence. Regarde bien les numéros pour suivre l'ordre.

▽ On te présente chaque expérience étape par étape.

1

2

Infos

- Ces cadres t'apportent des informations en plus.

▷ Certaines images ont des légendes qui te donnent des informations précises. Celles-ci détaillent les parties d'un cheval.

En savoir plus

Si tu veux en savoir plus sur un sujet, cet encadré t'indique les chapitres que tu peux consulter.

Sommaire

Abeille et guêpe

Les abeilles et les guêpes sont facilement reconnaissables à leurs corps rayés de noir et de blanc ou jaune. Les guêpes et les abeilles ouvrières ont un dard. Les abeilles ne piquent que pour se défendre et souvent meurent juste après.

△ Les abeilles récoltent le nectar des fleurs pour en faire du miel. Elles conservent ce miel dans des alvéoles pour nourrir les jeunes.

▽ Les abeilles sont dirigées par une reine. Elles font des alvéoles en cire. **1** La reine pond un œuf dans chaque alvéole. **2** L'œuf devient une larve. **3, 4** Une abeille ouvrière la nourrit. **5, 6** La larve devient une abeille.

◁ Les bourdons sont plus gros et plus poilus que les abeilles. Ils utilisent leurs pattes arrière pour récolter le pollen. Les fleurs ont besoin des insectes pour porter le pollen d'une fleur à l'autre et assurer la reproduction.

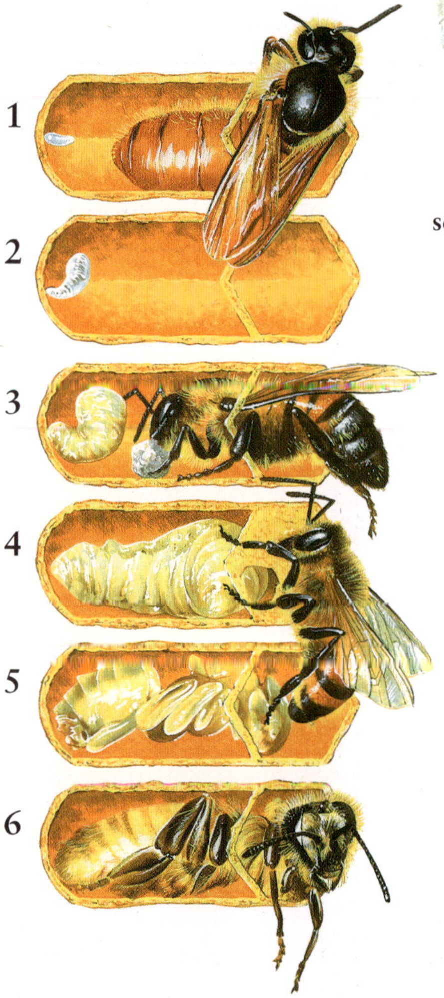

▽ Contrairement aux abeilles, les guêpes nourrissent leurs petits non avec du miel, mais avec des insectes, qu'elles tuent avec leur dard. Les guêpes adultes mangent le sucre des fruits, elles sont donc attirées par l'odeur des sucreries.

En savoir plus
Fourmi et termite
Insecte
Mouche

Aigle

Des ailes puissantes, une vue perçante et des serres redoutables font des aigles de grands chasseurs. Leur large bec crochu ne sert pas à tuer mais à déchiqueter la viande. Ce sont aussi des charognards à l'occasion. Ces gros oiseaux de proie sont répandus de l'Arctique aux tropiques.

◁ L'aigle royal (ci-contre) et le pygargue à queue blanche sont les aigles les plus répandus. Ils vivent en Europe et dans le nord de l'Asie. Comme la plupart des aigles, ils nichent sur des pics montagneux. Ils ont un ou deux petits par an.

△ L'aigle d'Amérique est l'emblème national des États-Unis. On le reconnaît à sa tête blanche qui contraste avec les plumes marron foncé de son corps. Il vit près de la mer, des lacs ou des rivières.

Infos

- Sa force a fait de l'aigle un symbole de guerre ou de puissance nationale depuis l'Antiquité.
- Les aigles s'accouplent pour la vie et utilisent le même nid tous les ans.

▷ Les harpies vivent dans les jungles d'Amérique et du Pacifique. Ce sont de grands chasseurs de singes et de serpents. La harpie d'Amérique du Sud (à droite) est le plus grand des aigles.

En savoir plus

Chouette
Oiseau
Oiseau marin
Vautour

Albatros

L'albatros est le plus grand des oiseaux marins. Il vit dans les zones froides de l'hémisphère Sud. Les ailes géantes des albatros leur permettent de planer sur de très grandes distances. Ils sont capables de parcourir 15 000 km sans se poser.

△ L'albatros est l'oiseau qui a les plus grandes ailes, près de 4 m d'une pointe à l'autre. Il vole souvent sans battre des ailes, en rasant la surface de l'océan et en se laissant porter par le vent.

▽ Les albatros ne regagnent la terre ferme que pour élever leurs petits. À l'âge de 10 mois, les jeunes quittent l'île où ils sont nés pour gagner la haute mer, où ils passeront plusieurs années.

Infos

- Les œufs d'albatros éclosent au bout de 80 jours ; c'est plus que pour tous les autres oiseaux.
- Un albatros peut parcourir 800 km en 12 heures.
- Pour se nourrir, l'albatros pêche à la surface de l'eau.

En savoir plus

Macareux
Manchot
Mouette
Oiseau
Oiseau marin

Alligator et crocodile

Les crocodiles et les alligators sont de grands reptiles qui vivent dans les fleuves et les marais des régions tropicales. Ils flottent sous la surface de l'eau, prêts à refermer leurs gigantesques mâchoires sur leurs proies - poissons, tortues, ou même grands mammifères.

△ Les crocodiles sont des animaux à sang froid. Ils passent beaucoup de temps dans l'eau pour se rafraîchir et chasser. Sinon, ils paressent sur les rives pour absorber les rayons du soleil, qui leur procurent de l'énergie.

◁▽ L'alligator américain (à gauche) a une mâchoire plus large et plus courte que le crocodile (ci-dessous). La plupart des alligators et des crocodiles ont entre 60 et 80 dents, qu'ils utilisent pour déchiqueter leurs proies.

Infos

- Les crocodiles existent depuis 200 millions d'années.
- Un alligator peut mesurer 6 m.
- Le plus gros des crocodiles, le crocodile marin, atteint souvent 8 m de long.

▽ Les crocodiles et les alligators pondent jusqu'à 90 œufs dans leurs nids faits de boue et de feuilles. Quand les jeunes sortent de l'œuf, ils appellent leur mère, qui les prend délicatement dans ses mâchoires et les porte ainsi jusqu'à l'eau.

En savoir plus

Iguane et varan de Komodo

Lézard

Amphibien

Les amphibiens sont des animaux vivant à la fois dans l'eau et sur terre. Les grenouilles, les crapauds, les salamandres et les cécilies sont des amphibiens. Ils sont répandus partout, sauf en Antarctique.

△ Les salamandres ont des pattes courtes et des ongles longs. Elles ressemblent à des lézards mais leur peau est humide et sans écailles.

△ Les grenouilles adultes ont quatre pattes et pas de queue. Certaines gonflent leur gorge pour faire plus de bruit afin d'attirer des partenaires.

▷ Les cécilies n'ont pas de pattes et ressemblent à des vers. Elles vivent sous terre dans les régions tropicales. Au contraire de la plupart des amphibiens, la femelle cécilie veille sur ses œufs.

◁ **1** Si tu veux attirer des grenouilles et des salamandres dans ton jardin, tu peux faire une mini-mare. Il te faut une cuvette, du sable, des pieds de potamot et quelques pierres.

◁ **2** Creuse un trou dans un coin de ton jardin pour enterrer la cuvette. Recouvre le fond de sable et de cailloux, en laissant certaines pierres dépasser à la surface. Installe les pieds de potamot puis remplis la cuvette d'eau. Dans quelque temps tu auras sûrement des visiteurs dans ta mini-mare.

En savoir plus

Grenouille et crapaud

Lézard

Poisson

Triton

Anaconda

Les anacondas comptent parmi les plus grands serpents du monde. Ils peuvent peser jusqu'à 100 kg, c'est-à-dire autant qu'un gros cochon. Les anacondas vivent dans les jungles sud-américaines. Ils chassent leurs proies dans les arbres et les rivières.

△ Cet anaconda est plutôt petit. Les plus gros ont la circonférence de ta taille et peuvent mesurer jusqu'à 10 m.

▽ L'anaconda est un serpent constricteur, ce qui signifie qu'il étouffe ses proies en les serrant très fort. Les anacondas peuvent capturer des animaux relativement gros comme le ragondin, un animal proche du castor qui vit près de l'eau. Après avoir avalé un ragondin, le serpent aura mangé pour un mois.

◁ La peau d'un serpent n'est pas extensible comme la peau humaine, il doit donc en changer en grandissant. La vieille peau se déchire quand elle est trop étroite et l'anaconda se frotte sur les branches pour s'en débarrasser.

En savoir plus

Cobra
Crotale

Âne

Patients et forts, les ânes sont utilisés partout pour porter des personnes et des charges. Leurs petits sabots leur permettent de travailler dans des zones sèches et rocailleuses. Comme ils sont calmes et gentils avec les enfants, ce sont aussi des animaux de compagnie.

Infos

- Les ânes vivent jusqu'à 40 ans.
- Les ânes peuvent tirer des chariots ou être montés.
- L'âne mâle est aussi appelé baudet, sa femelle est l'ânesse.
- Un mulet est le petit d'un âne et d'une jument (cheval femelle).

▽ On trouve des ânes de toutes les couleurs, du blanc au noir. Ils ont en général une ligne sombre sur le dos et une sur les épaules. Au contraire des chevaux, ils ont des poils longs seulement au bout de la queue.

▽ Les ânes domestiques sont les descendants d'ânes sauvages apprivoisés par les Égyptiens de l'Antiquité. L'âne de Somalie est un âne sauvage. Proche de l'âne domestique avec ses grandes oreilles et ses petits sabots, il a, lui, les pattes rayées de noir.

▽ Les ânes sont de bons travailleurs. Mais ils peuvent être têtus et braire très fort s'ils sont inquiets ou en colère.

En savoir plus

Cheval

Zèbre

Anguille

Les anguilles sont longues, fines et se tortillent comme des serpents. En fait, ce sont des poissons. Elles ont donc des écailles, et de fines nageoires qui courent le long de leur corps.

▷ La murène peut mesurer jusqu'à 3 m de long. Elle reste cachée dans un trou de rocher le jour et ne sort que la nuit. Elle mange des crustacés mais peut attaquer un humain si elle est dérangée.

▽ Pour pondre, les anguilles d'eau douce quittent les lacs et les fleuves d'Amérique et d'Europe, où elles vivent, et nagent jusqu'à la mer des Sargasses, près des Antilles. Quand les œufs éclosent, les jeunes se laissent porter vers le nord par les courants marins. Ils n'atteindront l'eau douce que trois ans plus tard.

Infos

- Les jeunes anguilles sont appelées « civelles ».
- Les anguilles d'eau douce sont capables de ramper sur l'herbe humide pour atteindre des lacs à l'intérieur des terres.

△ L'anguille électrique d'Amérique du Sud mange des petits poissons. Elle les capture en les électrocutant. La décharge électrique est si violente qu'elle pourrait étourdir un humain.

En savoir plus

Nourriture
Poisson plat
Poisson rouge et carpe
Raie

Animal microscopique

Certains animaux sont si petits qu'on ne peut les voir qu'avec un microscope. Ils vivent presque partout, dans l'eau, dans l'air, dans la terre… et même dans ton lit !

△ Si tu veux observer des animaux minuscules, regarde au microscope une goutte d'eau de mare. Tu verras sans doute des daphnies, ou « puces d'eau ».

Infos

- Il peut y avoir 5 000 acariens dans un grain de poussière.
- Beaucoup de gens ont des demodex (des acariens) vivant sur leurs cils.
- Certains acariens ne mesurent pas plus de 0,25 mm de long.

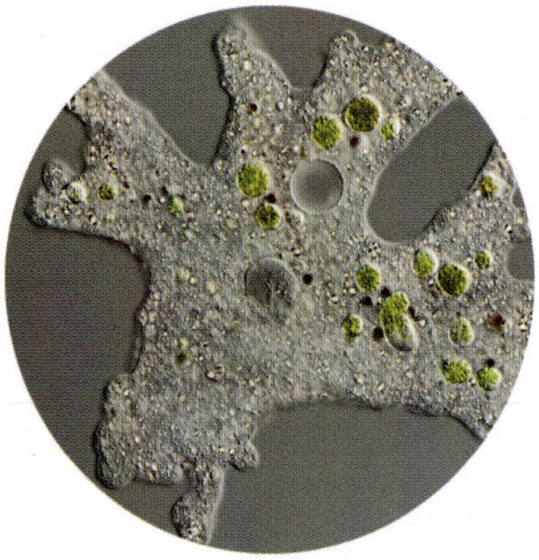

△ Les amibes comptent parmi les plus petits êtres vivants. Elles se déplacent en changeant de forme.

▷ Le zooplancton est constitué de minuscules animaux qui flottent dans l'eau. C'est la nourriture du plus grand animal du monde, la baleine bleue.

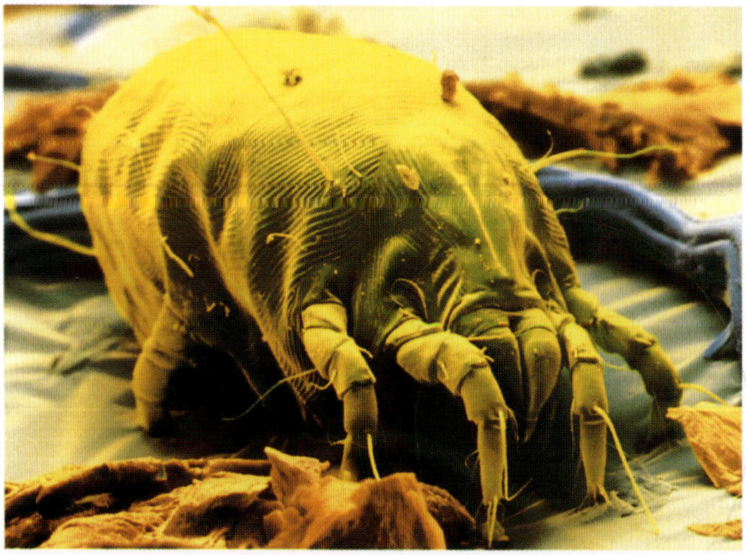

◁ Les acariens sont invisibles à l'œil nu. Ils se nourrissent de morceaux de peau morte trouvée dans les literies. Ces animaux à huit pattes sont parents des araignées. Dans une maison normale, il y a des millions d'acariens.

En savoir plus

Araignée
Baleine
Reproduction
Scarabée

Antilope

L’antilope rumine l’herbe des grandes plaines d’Afrique et d’Asie et court très vite. Il existe des types d’antilopes très différents : depuis l’antilope naine, qui mesure 25 cm au garrot, jusqu’à l’éland du Cap, qui mesure 1,75 m. Les mâles et parfois aussi les femelles ont de grandes cornes recourbées.

▽ L’addax est une antilope rare qui vit dans le Sahara. Ses cornes sont longues et spiralées. Ses larges sabots lui permettent de marcher sur le sable mou.

◁ Les gnous sont des antilopes qui migrent en énormes troupeaux pouvant atteindre 500 000 têtes. Ils suivent les pluies pour trouver de riches pâturages. Les gnous sont les ruminants les plus communs de l’Afrique de l’Est.

▷ L’oryx a de longues cornes pointues et une tête noire et blanche. Il vit dans les déserts d’Arabie et d’Afrique. L’oryx d’Arabie et l’algazelle ont longtemps été chassés et font partie des espèces en voie de disparition.

◁ Le springbok (« bouc sauteur » en néerlandais) vit dans les grandes plaines d’Afrique du Sud. Il mesure moins d’1 m de haut mais peut courir à près de 80 km/h. Le springbok fait des bonds étonnants, d’où son nom.

En savoir plus

- Cervidé
- Chameau
- Lama
- Renne
- Zèbre

Araignée

Les araignées font partie de la classe des arachnides. Elles mangent surtout des insectes. Elles ont souvent un gros abdomen rond et poilu et toujours huit pattes. La majorité tisse des toiles en fils de soie.

◁ La femelle veuve noire est l'une des rares araignées venimeuses pour l'homme. Et, en général, on s'en remet rapidement.

Infos

- La *Theraphosa leblondi* est la plus grande araignée connue. Elle est assez large pour couvrir une assiette.
- Les orbitèles tropicales construisent les plus grandes toiles : environ 2 m de diamètre.

△ La solifuge vit dans les déserts d'Afrique et d'Asie. Elle ne tisse pas de toile mais se jette sur sa proie et la broie avec ses puissantes mâchoires. Elle se nourrit de scorpions, d'oiseaux et de petits lézards.

▷ La plupart des araignées tissent des toiles de soie souples et solides pour capturer leurs proies. Cette araignée des jardins a entortillé sa proie dans son fil et lui injecte du venin.

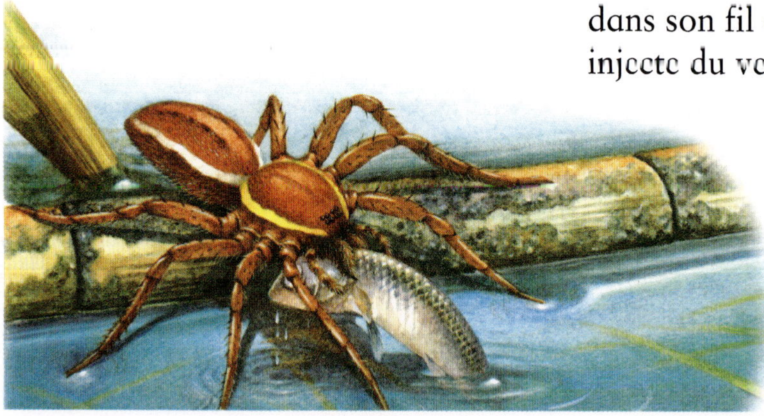

◁ Il y a des araignées partout, des déserts brûlants aux montagnes glacées. Celles qui vivent au bord de l'eau mangent des petits poissons.

En savoir plus

Insecte
Mouche
Scorpion

Autruche, émeu et casoar

Tous les oiseaux ne peuvent pas forcément voler. Et, bien qu'ils aient de petites ailes, les plus grands oiseaux du monde, autruches, casoars et émeus, ne savent que marcher et courir.

▽ Les émeus sont un peu plus petits que les autruches (1,80 m). Ils vivent dans les prairies d'Australie.

▽ Les autruches mâles ont un plumage noir et blanc. Du haut de leurs 2,50 m, ce sont les plus grands de tous les oiseaux. Les femelles sont plus petites et gris-brun. Les autruches peuvent courir à 65 km/h.

△ Les autruches pondent une douzaine de gros œufs dans un trou creusé dans le sol. Le mâle couve les œufs la nuit, la femelle, le jour.

Infos

- Les autruches vivent en Afrique.
- L'autruche pond les plus gros œufs d'oiseau.

◁ Les casoars vivent dans les forêts d'Australie et de Nouvelle-Guinée. Ils mesurent 1,50 m et ils ont un casque osseux sur leur tête sans plumes. Pour se défendre, ils donnent des coups de pied et de griffe. Leur orteil central est aussi effilé qu'un poignard.

En savoir plus

Kiwi

Oiseau

Babouin

Les babouins sont de grands singes qui vivent en groupes de plus de 100 individus. Ils mangent un peu de tout : des graines, des fruits, des œufs et des petits animaux. On les trouve en Arabie et en Afrique, au sud du Sahara.

△ Les babouins passent beaucoup de temps à se toiletter les uns les autres. Cela crée des liens entre les bébés et leurs mères, et entre les membres du groupe. Généralement, le groupe est constitué de mâles et de femelles de la même famille, avec un seul mâle dominant.

▽ Les mandrills des forêts tropicales d'Afrique sont des cousins des babouins. Ils ont des plaques dénudées sur le visage, de couleur vive chez les mâles adultes.

▷ Le gelada est un singe proche du babouin que l'on trouve dans les montagnes d'Éthiopie, en Afrique de l'Est. Il a une plaque rouge dénudée sur la poitrine. Les mâles ont de très longs poils sur la tête et les épaules.

Infos

- Les babouins pèsent 40 kg et mesurent 1,15 m, avec une queue de 70 cm.
- Les mâles sont deux fois plus gros que les femelles.
- Les babouins aboient comme des chiens quand ils ont peur.

En savoir plus

Chimpanzé
Gorille
Orang-outan
Singe

Baleine

Les baleines sont les plus grandes créatures ayant jamais vécu sur Terre, elles sont plus grandes même que les dinosaures. Comme les dauphins, les baleines sont des mammifères et respirent par des trous situés sur leur dos.

△ La baleine bleue est le plus grand de tous les animaux. Elle peut atteindre 30 m de long et peser 100 tonnes, autant que 15 éléphants.

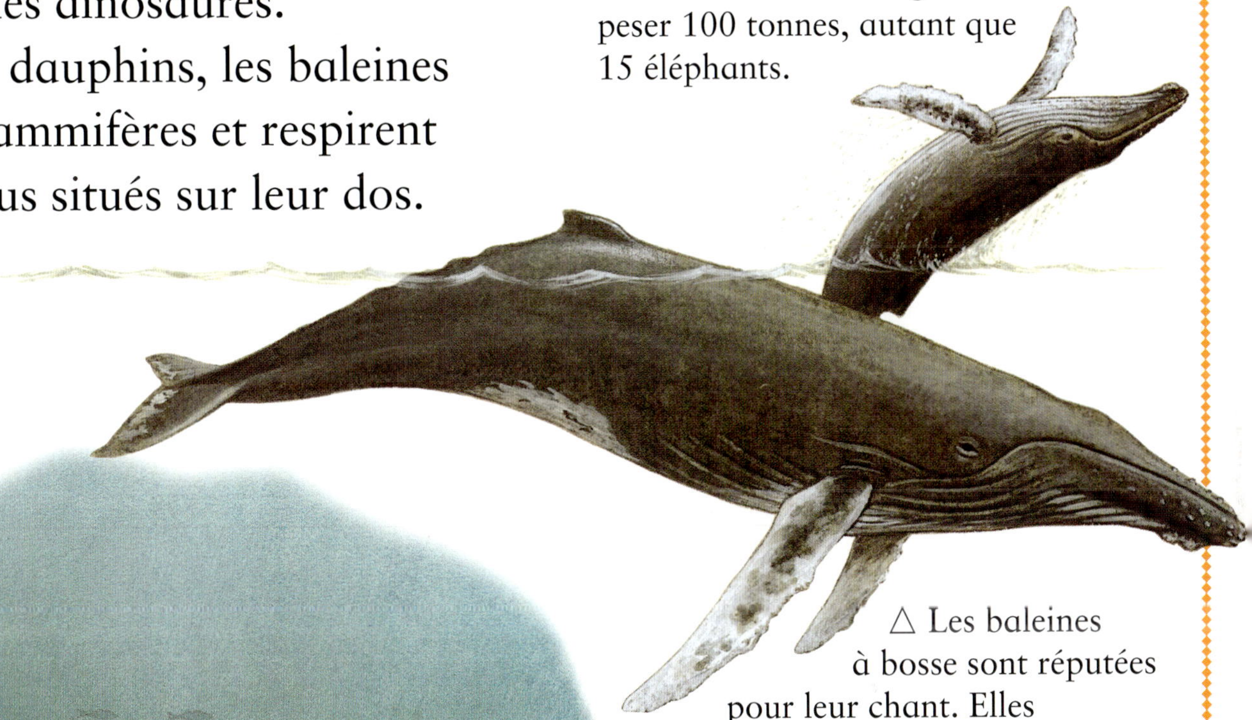

△ Les baleines à bosse sont réputées pour leur chant. Elles l'utilisent pour communiquer entre elles. On peut entendre ce chant à des centaines de kilomètres. Les baleines à bosse font souvent des bonds hors de l'eau pendant la saison des amours. Parfois les mâles et les femelles se serrent dans leurs nageoires.

◁ Les cachalots mangent des calmars géants. Ils les chassent tout au fond de la mer à plus de 450 m de profondeur. La peau des cachalots porte les cicatrices de ces féroces combats.

Infos

- Les baleines bleues mesurent déjà 7 m à la naissance.
- Les cachalots peuvent rester en plongée pendant 70 minutes.
- De nombreuses baleines mangent le plus petit animal marin, le krill.

En savoir plus

Dauphin
Orque
Pieuvre et calmar

Bébés animaux

La plupart des animaux ont besoin qu'on s'occupe d'eux quand ils sont petits. Leurs parents les protègent du danger et leur procurent de la nourriture jusqu'à ce qu'ils soient assez grands pour se débrouiller seuls.

△ En cas de danger le mâle cichlidé cache ses petits dans sa bouche. Il les recrache dès que tout va bien.

△ L'harle porte parfois ses petits sur son dos. Ainsi il les protège du danger jusqu'à ce qu'ils sachent bien nager.

△ Un zèbre doit savoir marcher dès sa naissance pour pouvoir fuir avec sa mère. Les mâles protègent le troupeau en donnant des coups de pieds et de dents aux assaillants.

△ Les manchots empereurs gardent leurs petits bien au chaud en les portant sur leurs pieds.

◁ Joue au bébé manchot : il faut être au moins quatre. Faites deux équipes, sur deux rangs. Le but du jeu est de faire passer un sac de haricots le long de chaque rang en utilisant les pieds. La première équipe qui termine la rangée a gagné.

En savoir plus

- Alligator et crocodile
- Gorille
- Mammifère
- Manchot
- Reptile

Bison et bœuf musqué

Le bison d'Amérique est le plus grand des animaux nord-américains. Malgré leur taille, les bisons sont agiles et peuvent courir très vite. Ce sont des herbivores, c'est-à-dire qu'ils mangent des plantes et de l'herbe.

▽ Les bisons vivent en petits groupes. Les mâles et les femelles vivent séparés en dehors de la période de reproduction où les mâles se battent pour les femelles. À une époque, il y avait en Amérique du Nord 50 millions de bisons, mais les immigrants les ont presque exterminés.

Infos

- Le bison européen est plus grand mais moins lourd que l'américain.
- Il ne reste plus que 1 000 bisons en Amérique.
- Ils vivent en troupeaux protégés.

◁ Les bœufs musqués, ou ovibos, sont des ruminants comme les bisons. Ils vivent dans l'Arctique, où leur épaisse toison les isole du froid.

◁△ Pour se défendre contre une meute de loups, les bœufs musqués forment un cercle avec les petits à l'intérieur. De cette façon les cornes impressionnantes des adultes les protègent des loups.

En savoir plus

Antilope
Buffle
Mammifère
Vache et taureau
Yack

Blaireau

Les blaireaux sont puissants mais timides. Proches des moufettes, ils ont comme elles des bandes noires et blanches. En Europe ils vivent en familles dans les forêts.

▽ Les blaireaux sont omnivores, c'est-à-dire qu'ils mangent de tout. Ils aiment les plantes, les fruits, mais aussi les œufs et les petits animaux. Ils creusent bien et attrapent souvent des vers de terre.

▽ Les blaireaux sont actifs le soir. Ils sortent pour se nourrir et ramasser de l'herbe afin d'en tapisser leurs terriers.

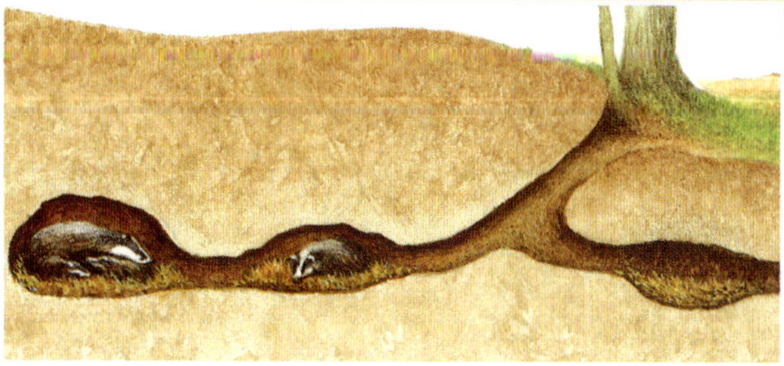

◁ Pendant la journée, les blaireaux restent dans leurs terriers. Quand le groupe s'agrandit, ils creusent des pièces supplémentaires. Certains grands terriers sont utilisés depuis des centaines d'années.

▷ Contrairement à son cousin européen, le blaireau américain vit seul, dans la campagne. Les motifs noir et blanc de sa tête sont différents.

En savoir plus

Moufette
Mustélidé
Taupe

Buffle

Les buffles sont de gros mammifères au poil foncé et aux grandes cornes. Les buffles africains vivent en troupeaux de plusieurs centaines de têtes, souvent près de l'eau car ils adorent se vautrer dans la boue. Les buffles d'eau vivent dans les régions humides d'Asie, mais peu survivent à l'état sauvage.

△ Les buffles africains ont mauvais caractère, ce qui fait qu'ils n'ont jamais pu être domestiqués.

Infos

- Les aigrettes (à droite) se perchent sur les buffles pour chasser les insectes.
- De tous les animaux, les buffles d'eau ont les plus grandes cornes.
- Les buffles sont des ruminants : ils régurgitent l'herbe pour la mâcher une deuxième fois.

△ Les mâles sont beaucoup plus gros que les femelles. Leurs cornes, qui font une bosse sur leur tête, les protègent des prédateurs. Les lions s'attaquent aux femelles et aux jeunes, mais rarement aux mâles.

◁ Les buffles d'eau sont domestiqués depuis 3 000 ans. On les utilise pour tirer la charrue, mais ils fournissent aussi du lait, de la viande et du cuir. On en trouve seulement quelques-uns à l'état sauvage en Asie, mais on en a réintroduit en Australie, qui vivent dans les marais du nord du pays.

En savoir plus
Bison et bœuf musqué
Mammifère
Vache et taureau

Caméléon

Les caméléons sont d'étranges lézards dont la peau change de couleur s'ils sont en colère, s'ils ont peur ou si la température se modifie. Cette particularité leur permet aussi de se camoufler.

△ Sous la peau du caméléon se trouvent des cellules spéciales, les mélanophores, qui changent de couleur selon son environnement, le rendant difficile à distinguer.

▽ Le caméléon s'installe dans un arbre pour guetter les insectes. Il s'accroche à la branche avec sa queue préhensile. Grâce à ses yeux tournoyants, il voit dans deux directions à la fois, et sa longue langue visqueuse jaillit pour capturer sa proie.

Infos

- Il y a environ 100 espèces de caméléons.
- Plus de 50 se trouvent sur l'île de Madagascar.
- La plupart des caméléons vivent dans les arbres, mais ils pondent leurs œufs sur le sol.

▷ Avec ses 2,5 cm de long, le caméléon nain de Madagascar est le plus petit des caméléons. Il vit le plus souvent dans les feuilles, sur le sol de la forêt. Généralement, les caméléons mesurent de 17 à 25 cm, mais certains peuvent atteindre 60 cm. Ces gros caméléons mangent des insectes et aussi des oiseaux.

En savoir plus

Alligator et crocodile

Cobra

Lézard

Reptile

Camouflage

Beaucoup d'animaux se camouflent, c'est-à-dire que leur forme ou leur couleur se confond avec leur environnement. Le camouflage permet aux animaux de se cacher quand ils chassent ou sont chassés.

△ Les rayures du tigre le font se confondre avec les hautes herbes des prairies où il vit. Le tigre est ainsi très difficile à repérer quand il guette une proie.

◁ La plie se cache en se plaquant sur le fond et en changeant de couleur en fonction du sable.

▷Les phasmes ressemblent à s'y méprendre à des feuilles. Ils bougent lentement pour accentuer la confusion. Même leurs œufs ont l'air de graines.

△ **1** Joue au jeu du camouflage avec tes amis. Réunis d'abord des objets usuels, canette, bouteille, emballage en carton. Colle des feuilles, de l'herbe et des bouts de papier sur les objets. Il ne te reste plus qu'à les peindre en vert ou en marron.

▷ **2** Emmène tes objets dans le jardin et cache-les dans la végétation. Appelle tes amis, dis-leur quels objets tu as cachés et laisse-les chercher. Le gagnant est celui qui a trouvé le plus d'objets camouflés.

En savoir plus

Caméléon
Évolution
Tigre
Zèbre

Canard et oie

Les canards et les oies sont des oiseaux aquatiques. On peut les trouver partout dans le monde. Ils ont un plumage épais qui les maintient au chaud et des pieds palmés pour se déplacer dans l'eau.

△ Les oies sont plus grandes que les canards et ont un cou plus long. Elles ont un grand bec pour arracher l'herbe alors que les canards ont un bec plus plat qui sert à filtrer l'eau quand ils prennent leur nourriture.

△ L'eider niche le long des côtes glaciales du Nord. Pour protéger ses œufs du froid, la femelle garnit le nid de duvet arraché à son propre cou.

◁ Les canards ont des pattes courtes et se dandinent en marchant. Leurs pieds ont trois orteils palmés devant et un libre à l'arrière. Presque toutes les espèces vivent en eau douce. Les canards mangent des vers, des insectes et des végétaux.

▽ La plupart des bernaches du Canada qui nichent au Canada et en Alaska migrent vers le sud des États-Unis et le Mexique pendant l'hiver. Elles poussent des cris en volant.

△ Les canards mâles ont souvent un plumage très coloré servant à attirer les femelles. Le plumage des canes est plutôt marron terne.

En savoir plus

Cygne
Migration
Mouette
Oiseau
Pélican

Castor

Les castors vivent près des rivières d'Europe et d'Amérique du Nord. Ce sont des bâtisseurs qui se servent de leurs grandes incisives pour couper des arbres. Les castors utilisent ces arbres pour construire des huttes.

△ Les castors érigent des barrages sur les rivières pour créer des mares et y installer leurs huttes. Ils se propulsent dans l'eau grâce à leurs pieds palmés et à leur grande queue plate. En cas de danger, ils battent l'eau avec leur queue pour avertir les autres.

Infos

- Les barrages de castors peuvent atteindre 500 m de long et 4 m de haut.
- Certains barrages ont 1 000 ans.
- Les castors se choisissent un partenaire pour la vie entière.

◁ Les castors bâtissent leurs huttes avec des branches et de la boue. Ils mettent plus de boue l'hiver : en gelant, elle durcit les parois et protège des prédateurs.

▽ Les adultes regagnent l'intérieur de la hutte par une entrée cachée sous l'eau, avec de la nourriture pour leurs petits. Les jeunes castors restent avec leurs parents pendant deux ans avant de les quitter pour construire leur propre hutte.

En savoir plus

Lapin et lièvre
Loutre
Rat
Souris

Cervidé

On trouve des cervidés de toutes tailles, du petit poudou au gros élan. Ce sont des mammifères gracieux, prompts à échapper au danger. Les cervidés vivent dans l'hémisphère Nord et en Amérique du Sud.

△ Les cervidés mâles ont une nouvelle paire de bois chaque année. Des combats féroces ont lieu en période de reproduction pour le contrôle de la harde.

△ **1** Fais un moulage d'une empreinte de cervidé pour la garder. Prends un morceau de carton de 50 cm sur 6. Forme un cercle de carton autour de l'empreinte. Fixe-le avec du scotch.

△ **2** Procure-toi du plâtre et mélange-le avec de l'eau pour faire une pâte épaisse. Remplis presque jusqu'en haut le moule en carton avec le plâtre.

△ **3** Laisse sécher le plâtre jusqu'à ce qu'il durcisse, puis prends-le délicatement avec son moule. Emmène ton empreinte chez toi et enlève le carton. Utilise une brosse à dents usée pour nettoyer soigneusement les traces de terre.

En savoir plus

Antilope
Élan et cerf
Mammifère
Renne

Chameau

Les chameaux vivent dans les déserts les plus secs du monde. Les bosses de gras sur leur dos leur permettent de survivre longtemps sans manger ni boire.

Infos

- Un chameau peut se passer d'eau pendant 17 jours.
- Un chameau peut boire 100 litres d'eau d'un coup.
- On surnomme les chameaux « les vaisseaux du désert ».

▽ Les pieds du chameau sont grands et larges pour lui éviter de s'enfoncer dans le sable.

△ Les dromadaires sont utilisés depuis l'Antiquité pour transporter des gens à travers le désert.

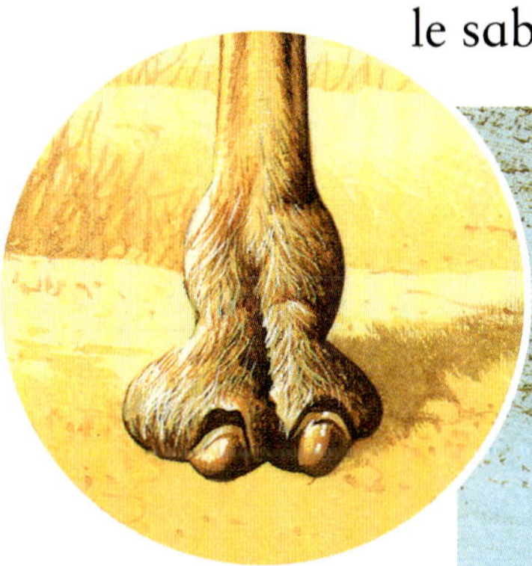

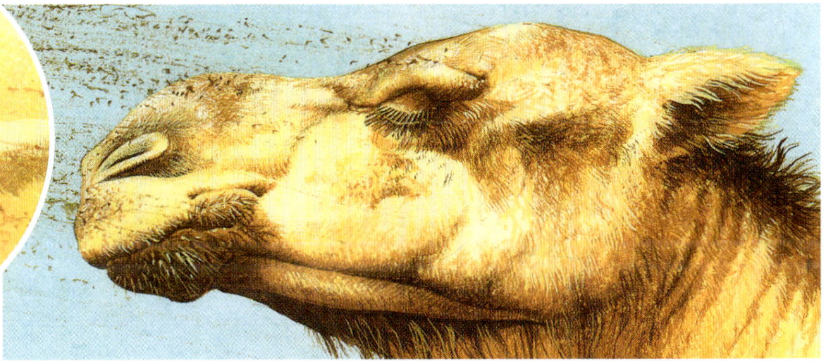

△ Un chameau a deux rangées de cils pour protéger ses yeux du sable. Il peut aussi fermer ses narines.

◁ Les chameaux de Bactriane ont deux bosses et vivent en Asie centrale. Les chameaux d'Arabie, ou dromadaires, ont une bosse. Ils vivent en Afrique du Nord, au Moyen-Orient et en Inde.

En savoir plus
Antilope
Girafe
Lama
Vache et taureau

Chat (domestique)

Tous les chats domestiques sont des descendants de chats sauvages. On a commencé à apprivoiser les chats il y a 4 000 ans en Égypte. Les chats domestiques restent des chasseurs comme leurs ancêtres et ont conservé les mêmes dents aiguisées, les mêmes griffes acérées et la même vue perçante.

Écaille-de-tortue

Tabby bleu

Siamois chocolate point

▷ Il existe environ 40 races de chats. Certains à poils courts, comme les chats siamois, d'autres à poils longs, comme les chats persans.

◁ Les chats font de bons compagnons, car ils sont propres, calmes et affectueux. Ils peuvent être très indépendants mais ont besoin de soins. Les chatons doivent être éduqués pour vivre dans une maison avec des humains. Ils aiment beaucoup se faire caresser.

▷ Le chat sauvage d'Afrique est probablement l'ancêtre principal des chats domestiques, bien que d'autres chats sauvages aient été apprivoisés. Les chats sauvages d'Afrique ressemblent à des chats tigrés domestiques mais en plus gros et avec une fourrure plus épaisse.

Chat sauvage d'Afrique

Chat domestique

En savoir plus

Chat (sauvage)
Guépard
Lion
Mammifère
Panthère
Puma

Chat (sauvage)

Excepté les gros chats comme les lions ou les tigres, la plupart des félins sauvages sont plutôt petits. De nombreuses espèces de chats sauvages sont chassées pour leur magnifique fourrure. Certains de ces animaux sont en voie de disparition et doivent être protégés.

△ On trouve des chats sauvages européens dans les forêts s'étendant de l'ouest de l'Asie jusqu'en Écosse. Ce sont des animaux nocturnes qui se nourrissent d'oiseaux et de petits mammifères. Les femelles ont trois à six chatons par portée.

▽ Les caracals sont des lynx qui vivent dans les régions sèches et broussailleuses d'Inde et d'Afrique. Ils sont particulièrement friands d'oiseaux et n'hésitent pas à bondir pour les attraper.

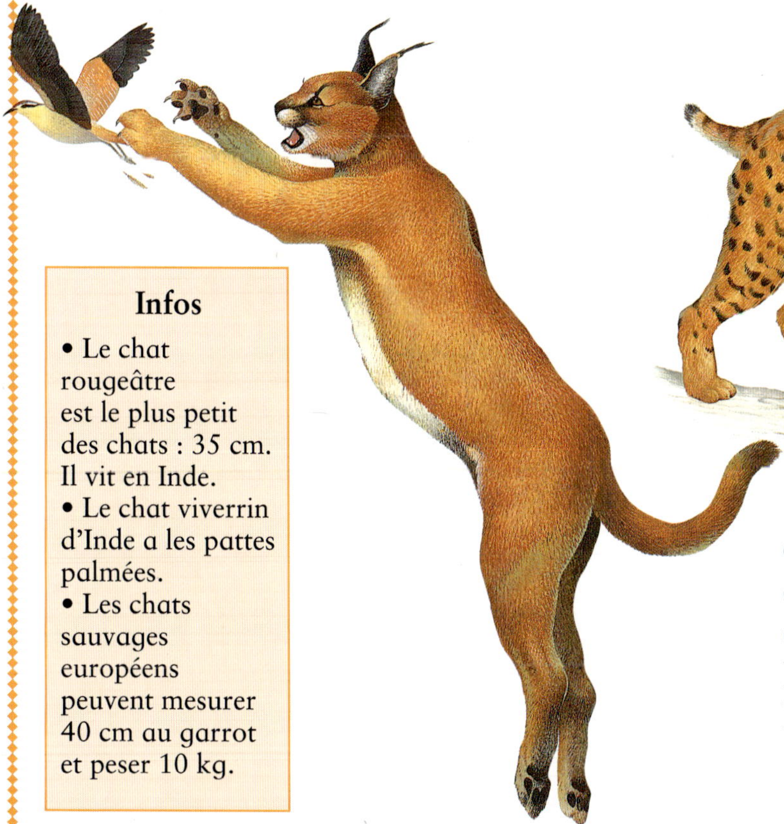

△ Les lynx nord-américains sont aussi appelés lynx roux. Ils vivent dans les forêts et les déserts. Ils chassent les lapins, les souris et les écureuils.

Infos

- Le chat rougeâtre est le plus petit des chats : 35 cm. Il vit en Inde.
- Le chat viverrin d'Inde a les pattes palmées.
- Les chats sauvages européens peuvent mesurer 40 cm au garrot et peser 10 kg.

En savoir plus

Chat (domestique)
Lion
Panthère
Tigre

Chauve-souris

Les chauves-souris ont de grandes oreilles, de la fourrure sur le corps et des ailes faites de peau. Ce sont des mammifères nocturnes. Le jour elles dorment et la nuit elles volent pour chasser.

△ La chauve-souris utilise son ouïe pour repérer les insectes. Elle émet des sons très aigus et l'écho de ces sons, en revenant vers elle, lui indique très précisément où se trouve sa proie.

Infos

- La chauve-souris bourdon est sûrement le plus petit mammifère du monde : 2 cm de long.
- Le vampire d'Amérique du Sud se nourrit uniquement du sang d'animaux vivants.

▽ Les chauves-souris sont les seuls mammifères volants. Elles sont rapides et font des vols acrobatiques quand elles poursuivent des insectes.

▷ Les roussettes sont de grandes chauves-souris tropicales. Elles mangent surtout des fruits. Elles jouent un rôle important dans le transport du pollen de nombreuses plantes.

En savoir plus

Insecte

Oiseau

Souris

Cheval

Les chevaux domestiques sont les descendants de chevaux sauvages qui vivaient en troupeau dans les prairies. Les hommes les ont domestiqués car ces animaux grands et forts peuvent être montés et attelés.

▷ Il y a un nom pour chaque couleur du cheval.

◁ Quand on a un pré assez grand, on peut avoir un poney chez soi. Le poney a besoin de faire régulièrement de l'exercice et ses sabots doivent être bien entretenus.

▽ Il faut panser un poney pour qu'il garde un beau pelage. Ne te tiens jamais derrière un cheval ou un poney, il pourrait te donner un coup de sabot.

▽ Chaque partie du corps d'un cheval a un nom. La taille d'un cheval correspond à sa hauteur au garrot.

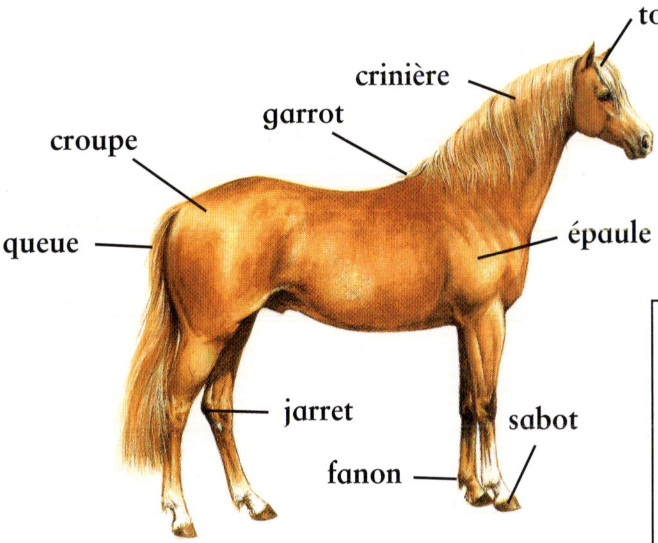

En savoir plus

Âne
Évolution
Mammifère
Zèbre

Chèvre

Les chèvres peuvent vivre sur les plus hautes montagnes car elles sont robustes et se déplacent aisément sur les rochers. Elles vivent dans tout l'hémisphère Nord. On élève des chèvres pour leur lait, leur viande, leur peau.

△ Les chèvres du Cachemire et les angoras sont très prisées pour leur laine. Avec la toison longue et douce des angoras (ci-dessus), on tisse du mohair ou de la laine angora. On fait du cachemire, une laine douce et fine, avec les chèvres du même nom.

△ Les chèvres ont été domestiquées il y a environ 10 000 ans. Maintenant il en existe de nombreuses races. Elles aiment manger de l'herbe et des plantes, mais elles ne sont pas difficiles et peuvent survivre avec des branches d'épineux. Les boucs ont un caractère fougueux et ils se battent souvent entre eux pour les femelles.

▽ Les bouquetins sont des chèvres sauvages vivant en Afrique, en Europe et en Asie. Ils passent l'été au sommet des montagnes et gagnent des pâturages plus bas et plus chauds en hiver.

Infos

- Les sabots des chèvres ont des bords durs et un centre mou. Ce qui produit un effet de ventouse sur les rochers.
- Les chèvres ont une forte odeur.
- Le mâle chèvre est un bouc, et le petit, un chevreau.

En savoir plus

Antilope
Mouton
Vache et taureau
Yack

Chien (domestique)

Les chiens ont été domestiqués il y a environ 12 000 ans, lorsque les hommes des cavernes ont apprivoisé un loup asiatique. Depuis, les chiens ont accompagné les populations dans toutes leurs migrations. Au fil du temps, des races ont été dressées pour être utiles à l'homme.

Saint-bernard

Labrador

Terrier du Yorkshire

▷ On dénombre environ 400 races de chiens, réparties dans plusieurs groupes. Il y a par exemple les chiens de berger, les chiens de chasse ou les chiens d'agrément. Le saint-bernard est un chien de travail, le labrador est un chien de chasse, et le minuscule terrier du Yorkshire, un chien d'agrément.

△ Quand on a un chien, il faut lui apprendre à être propre et à marcher en laisse. On doit aussi prendre bien soin de lui.

▽▷ Le colley (en bas) et le corgi (à droite) sont des chiens de berger. Les colleys gardent les moutons. Autrefois, les corgis surveillaient le bétail mais maintenant ce sont surtout des chiens de compagnie.

En savoir plus

Chat (domestique)
Chien (sauvage)
Hyène
Loup
Renard

Chien (sauvage)

Par bien des aspects, les chiens sauvages sont proches des chiens domestiques, dont ils sont les cousins. Pourtant ils ont peur des humains et ne peuvent pas être dressés. Ces carnivores vivent partout dans le monde, souvent en meute.

▷ Comme la plupart des chiens sauvages, le lycaon est un tueur féroce. Ses dents de devant sont grandes pour déchirer la chair et ses molaires sont aiguisées pour bien mâcher la viande. Ils chassent en meute et capturent des antilopes, des zèbres et des gnous.

◁ Les chiens sauvages utilisent leur odorat et leur ouïe très développés pour chasser. Quand ils ont repéré l'odeur d'une proie, ils suivent sa trace. Comme d'autres chiens, les coyotes hurlent afin de réunir la meute pour une chasse.

Infos

- Le dhole d'Inde peut tuer des ours et même des tigres.
- De nos jours, le chacal doré se nourrit surtout dans les poubelles.
- Le coyote est aussi appelé « loup de prairie ».

◁ Les chacals vivent en Afrique et en Asie. Ils chassent la nuit, souvent seuls. Ils ne chassent en meute que si la proie vaut la peine d'être partagée.

En savoir plus

Chien (domestique)
Loup
Renard

Chimpanzé

Les chimpanzés sont les animaux les plus proches des hommes. Ils font partie des animaux les plus intelligents. Ils vivent dans les forêts d'Afrique équatoriale. Les chimpanzés mangent des fruits, des feuilles et des graines, mais aussi termites et fourmis.

△ Les chimpanzés utilisent des branches pour faire sortir les insectes de leur trou. Ils savent aussi casser des noix avec des pierres.

Infos

- Les plus grands chimpanzés mâles mesurent 1,60 m quand ils sont debout, autant qu'une femme adulte. Les femelles sont plus petites.
- Les chimpanzés peuvent vivre jusqu'à 60 ans.
- Les chimpanzés vivent en groupes de 15 à 60 membres.

△ Les chimpanzés passent beaucoup de temps dans les arbres. Ils se balancent de branche en branche avec leurs longs bras à la recherche de nourriture. La nuit, ils se font des nids en feuilles pour dormir.

◁ Les chimpanzés se déplacent généralement à quatre pattes, mais ils peuvent marcher debout s'ils ont besoin de leurs mains. Quand il est attaqué, un chimpanzé se défend parfois en jetant des pierres.

En savoir plus

Babouin
Gorille
Lémurien
Orang-outan
Singe

Chouette

Les chouettes sont des rapaces nocturnes. Elles ont une ouïe très fine et de grands yeux qui leur donnent une bonne vision de nuit. Elles chassent des souris et des lapins. Les chouettes ont des plumes spéciales qui rendent leur vol silencieux. Leur ululement est facilement reconnaissable.

△ Normalement, les chouettes hulottes vivent en forêt. Mais de nos jours on les rencontre aussi en ville, où rats et souris abondent. Pendant la journée elles nichent dans les arbres des parcs et des jardins.

◁ En Amérique, les chouettes des terriers vivent sous terre. Soit elles creusent elles-mêmes leur terrier, soit elles en occupent un abandonné par un chien de prairie ou un autre animal.

Infos

- Les chouettes peuvent presque faire un tour complet avec la tête pour écouter dans tous les sens.
- Les harfangs des neiges vivent dans l'Arctique. Ils chassent des lemmings et nichent sur le sol.

▽ La chouette effraie fait son nid dans les ruines, les arbres creux ou les nids d'aigle désertés. Sa tête plate et arrondie lui permet de mieux entendre sa proie. Quand elle l'a capturée, elle la ramène au nid afin de nourrir ses petits.

En savoir plus

Aigle

Chauve-souris

Oiseau

Cobra

Les cobras sont des serpents venimeux qui vivent dans les régions chaudes d'Afrique et d'Asie. Les plus mortels des cobras sont les mambas africains. La morsure d'un mamba est fatale à moins de prendre très vite un sérum antivenin. Beaucoup de gens meurent chaque année à la suite d'une attaque de cobra.

Infos

- Les cobras mangent des petits vertébrés.
- Le mamba noir se déplace aussi vite qu'un homme qui court.
- Le venin des cobras paralyse et stoppe l'activité du cœur et des poumons.

△ On trouve le cobra royal dans une région s'étendant du sud de la Chine à l'Indonésie. C'est le plus grand des serpents venimeux, il peut atteindre 5,50 m de long. La femelle peut pondre jusqu'à 40 œufs.

▷ En Inde, il y a des charmeurs de serpents. Ils mettent un cobra dans un panier et jouent de la flûte. Le serpent se dresse hors du panier et « danse ».

◁ La mangouste est l'un des principaux prédateurs du cobra. Les mangoustes sont très vives et savent éviter les morsures. Quand il a peur, le cobra se dresse et déploie son capuchon.

En savoir plus

Crotale

Lézard

Reptile

Cochon

Les cochons ont été domestiqués en Chine il y a 9 000 ans. De nos jours, on les élève dans des fermes pour leur viande et leur peau. Les cochons mangent à peu près n'importe quoi. Ils sont intelligents et servent parfois d'animaux de compagnie.

△ Il y a plus de 90 races de cochons. Ils grossissent très vite et, avec un régime spécial, ils peuvent atteindre deux mètres de long en deux ans.

△▷ Les petits cochons sont appelés porcelets. La femelle, la laie, met au monde une douzaine de petits à la fois et a deux rangées de tétines le long du ventre pour les allaiter. Parfois, le porcelet le plus faible ne peut pas se nourrir seul et il faut alors s'en occuper comme d'un bébé.

▽ Les sangliers vivent à l'état sauvage dans les forêts d'Asie et d'Europe. Le poil rayé des petits, les marcassins, leur permet de se camoufler.

En savoir plus

Camouflage
Chèvre
Mammifère
Mouton

Cochon d'Inde, gerbille et hamster

Les cochons d'Inde, les gerbilles et les hamsters sont des mammifères. Ces rongeurs vivent à l'état sauvage dans différents endroits du monde mais ce sont aussi des animaux de compagnie. Ils ont besoin d'une grande cage et de beaucoup de soins et d'affection.

Infos

- Les hamsters sont originaires d'Asie et d'Europe ; les gerbilles, d'Asie et d'Afrique ; les cochons d'Inde, d'Amérique du Sud.
- Les cochons d'Inde n'ont aucun lien ni avec les cochons, ni avec l'Inde !

▽ Il y a 4 000 ans, en Amérique du Sud, les gens élevaient des cochons d'Inde, dont ils mangeaient la viande. Là-bas, aujourd'hui, des cochons d'Inde vivent encore à l'état sauvage.

△ Dans la nature, les cochons d'Inde mangent de l'herbe et des plantes. Donc, si on les nourrit avec des aliments secs, il faut leur donner beaucoup d'eau.

▽ Les hamsters vivent seuls, ils sortent la nuit pour manger de l'herbe, des graines et des baies. Ils ont des poches dans les joues qu'ils utilisent pour transporter la nourriture.

▷ Les gerbilles vivent dans le désert. Le jour, elles restent dans leur terrier et elles sortent la nuit pour manger graines et insectes. Leurs grandes pattes et leur longue queue leur permettent de sautiller sur le sable chaud.

En savoir plus

Castor
Écureuil
Lapin et lièvre
Rat
Souris

Colibri

Les colibris vivent dans les régions tropicales d'Amérique du Nord et du Sud. Ce sont des oiseaux minuscules, c'est pourquoi on les appelle aussi « oiseaux-mouches ».

▽ Le long bec du colibri lui permet de recueillir le nectar au cœur des fleurs.

◁ Les colibris utilisent tellement d'énergie pour battre des ailes qu'ils ont besoin de manger souvent. Le nectar dont ils se nourrissent est très riche en sucre et leur redonne très vite des forces.

△ Les ailes d'un colibri sont orientables. Il peut donc rester en vol stationnaire devant une fleur sans bouger la tête, et voler en marche arrière.

Infos

- Pour migrer, le colibri à gorge rubis vole 800 km sans étape au-dessus du golfe du Mexique.
- Les colibris pondent deux œufs, les plus petits de tous les œufs d'oiseaux.
- Il existe plus de 300 espèces de colibris.

▷ Tous les colibris sont minuscules, mais le colibri d'Hélène de Cuba est le plus petit oiseau du monde. Il ne dépasse pas 5,50 cm de long, la taille du pouce d'un enfant.

En savoir plus

Autruche

Martinet

Migration

Oiseau

Communication

Les animaux ont besoin de communiquer entre eux, par exemple pour s'accoupler, pour se prévenir d'un danger ou effrayer un autre animal. Les moyens de s'exprimer sont très variés.

△ Les lucioles sont des scarabées qui produisent des signaux lumineux. Elles ont dans l'abdomen des cellules émettrices de lumière dont elles se servent pour attirer un partenaire ou prévenir d'un danger.

◁ Les loups communiquent entre eux par des expressions faciales. Les quatre attitudes ci-contre délivrent des messages très différents.

▽ Pour ululer comme une chouette, joins tes mains et souffle entre tes pouces. Essaye la nuit dehors et peut-être qu'une chouette te répondra !

△ Les phalènes communiquent par les odeurs. La femelle dégage une senteur ayant une signification que le mâle capte avec ses antennes.

En savoir plus

Chouette
Loup
Papillon et phalène
Scarabée

Coquillage

Les coquillages sont des animaux aquatiques dont le corps mou est protégé par une coquille. Comme les limaces, les escargots et les pieuvres, ce sont des mollusques. Ils vivent dans toutes les eaux douces ou salées du monde.

△ Quand tu vas au bord de la mer, ramasse tous les coquillages que tu trouves. Tu pourras les fixer sur une planche en indiquant le nom de chacun.

Infos

- Certains coquillages ont une coquille en une seule partie, d'autre en deux.
- Les coquilles sont constituées de minéraux.
- Les coquillages sont apparus il y a 600 millions d'années.

◁ La plupart des coquillages se nourrissent en filtrant l'eau. Certains restent sur le même rocher toute leur vie. Ils se fixent avec un pied-ventouse ou des filaments.

▽ Les moules ont une coquille en deux parties qui se referme en cas de danger. Elles sont fixées aux rochers par des filaments qui résistent aux plus grosses tempêtes.

Strombe

Troque

Porcelaine tigrée

En savoir plus

Crabe
Pieuvre et calmar

Corail

On trouve les récifs coralliens dans les mers tropicales peu profondes. Ils ont l'air de jardins sous-marins, pourtant ce ne sont pas des plantes mais des assemblages de petits animaux, les polypes.

△ Les récifs coralliens peuvent s'étendre sur des centaines de kilomètres. Le plus grand de tous est la Grande Barrière, le long de la côte nord-est de l'Australie.

◁ Un polype a des tentacules couverts de piquants avec lesquels il capture les minuscules créatures qui passent à sa portée. En grandissant, il construit un « squelette » autour de lui. Quand le polype meurt, son squelette reste en place. Les récifs coralliens sont constitués de millions de ces minuscules squelettes.

▽ Les récifs coralliens abritent une grande variété d'animaux. On y trouve aussi bien des congres et des clams géants (en bas à gauche) que des scalaires et des poissons-perroquets (au-dessus d'eux). Le récif les protège des prédateurs et leur fournit de la nourriture.

En savoir plus
Anguille
Étoile de mer
Hippocampe
Poisson

Crabe

Les crabes sont des animaux qui ont dix pattes et une carapace. La plupart vivent dans la mer ou près des côtes. Leurs deux pattes avant sont des pinces effrayantes qui leur servent à se nourrir et à se défendre.

△ Les bernard-l'ermite n'ont pas de coquille et vivent dans les coquilles vides d'escargots marins. En grandissant, ils se choisissent des coquillages plus spacieux.

▽ Les crabes des Moluques sont une très ancienne espèce proche du scorpion et de l'araignée. Ils sortent de la mer en masse pour pondre sur le rivage.

◁ Les pattes de certains crabes sont adaptées à la nage. Les pattes arrière de ce crabe nageur sont aplaties comme des petites rames.

▷ Les crabes violonistes vivent dans les marais de toutes les régions du monde. Les mâles ont une pince énorme. Ils la balancent pour attirer les femelles dans leurs grottes.

En savoir plus

Araignée

Homard et écrevisse

Scorpion

Crevette

On trouve des crevettes dans la plupart des mers, des lacs et des rivières. Ce sont des crustacés, comme les homards, mais elles sont plus petites.

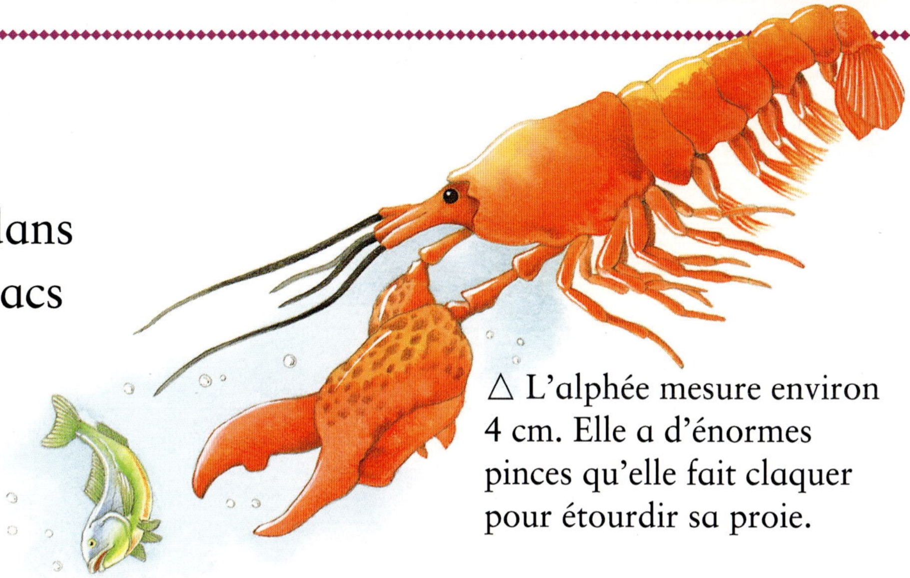

△ L'alphée mesure environ 4 cm. Elle a d'énormes pinces qu'elle fait claquer pour étourdir sa proie.

▽ **1** Fabrique un observatoire à crevettes. Demande à un adulte de couper le fond d'une bouteille en plastique transparent. Place un film adhésif autour du fond et fais-le tenir avec un élastique.

▽ **2** Ne fais pas de gestes brusques car les crevettes s'effrayent facilement.

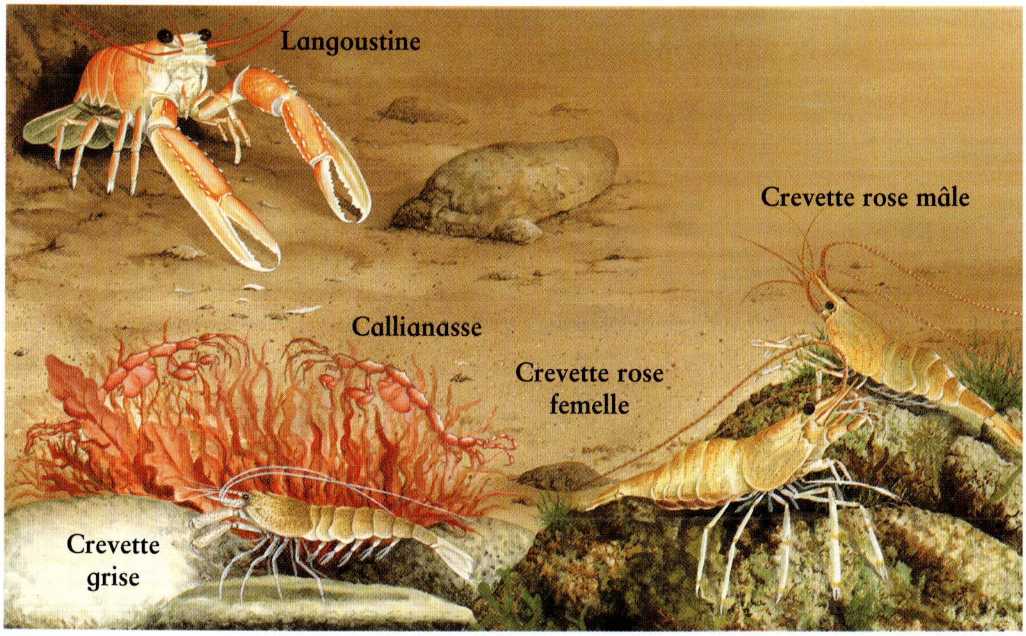

◁ Les crevettes vont souvent chercher leur nourriture, plantes et petits animaux, dans le sable des fonds marins. Elles nagent en agitant leur queue en éventail.

En savoir plus

Coquillage
Crabe
Homard et écrevisse

Criquet, grillon et sauterelle

Criquets, grillons et sauterelles sont des insectes qui sautent sur leurs longues pattes arrière. Les mâles « chantent » pour séduire les femelles : ainsi les sauterelles frottent ensemble leurs pattes arrière, tandis que les grillons utilisent leurs ailes.

△ De nombreuses sauterelles sont brillamment colorées. Ce qui avertit les prédateurs que la sauterelle peut cracher une mousse protectrice nauséabonde.

△ Les locustes sont une espèce de criquet d'Afrique. Parfois elles forment un énorme essaim qui ravage les récoltes.

◁ Les sauterelles ont de puissants muscles dans leurs longues pattes arrière et une détente formidable dans les genoux. La sauterelle peut sauter douze fois sa taille. Pour un enfant, cela équivaudrait à sauter par-dessus une maison.

▽ Les phanéroptérides sont connus aux États-Unis sous le nom de « Katydid » en référence au chant du mâle, qui ressemble à ce mot. Les femelles possèdent des fentes dans les pattes avant qui, comme des oreilles, leur permettent d'écouter les mâles chanter.

Infos

- Sauterelles et grillons mangent des herbes et des feuilles. Certains se nourrissent aussi d'insectes.
- Chaque espèce émet un chant particulier.
- Autrefois, on mettait les grillons en cage pour les écouter chanter.

En savoir plus

Insecte
Libellule et demoiselle
Scarabée

Crotale

Les crotales vivent en Amérique du Nord et du Sud. On les appelle couramment « serpents à sonnettes » parce qu'ils font un bruit spécial avec leur queue pour prévenir qu'ils sont venimeux.

△ La plupart des crotales se reposent le jour et chassent les petits rongeurs la nuit. Ils repèrent leur proie en sentant l'air avec leur langue fourchue. Quand une proie s'approche, le crotale capte sa chaleur corporelle par des trous situés sur le côté de sa tête.

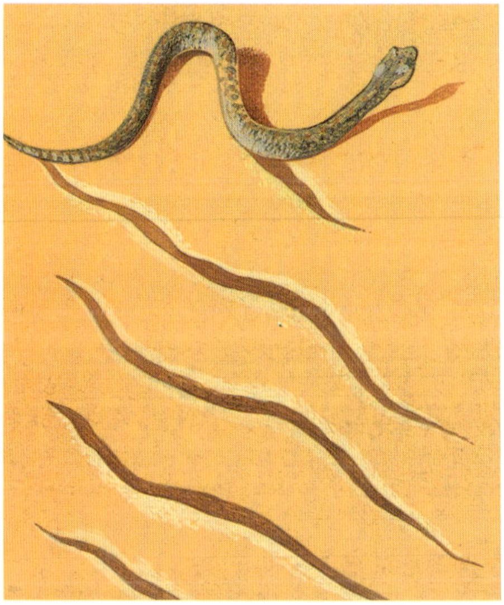

◁ Comme de nombreux serpents du désert, ce crotale se déplace de côté. Cette technique lui permet de toucher le moins possible le sable brûlant.

▷ Le bout de la queue du crotale est formé d'anneaux mobiles. C'est l'entrechoquement de ces anneaux qui fait le bruit du serpent à sonnettes. Pour l'imiter, enfile des capsules de bouteille sur un grand clou. Avec un adulte, fixe le clou sur un bâton. Maintenant, tu fais peur !

Infos

- Le crotale diamant est le plus grand des crotales : 2,50 m de long.
- Le venin d'un crotale provient des crochets de sa mâchoire du haut.
- La morsure d'un crotale peut être mortelle.

En savoir plus

Anaconda
Cobra
Communication
Défense
Reptile

Cygne

Le cygne est un des oiseaux aquatiques les plus grands du monde, avec une envergure de 3 m. Il a les pattes palmées et un grand bec pour manger les plantes aquatiques. Les cygnes protègent jalousement leurs œufs et sont capables d'attaquer un humain s'ils se sentent menacés.

Cygne tuberculé

△ Les cygnes de l'hémisphère Nord sont blancs. Certains ont des noms qui évoquent leur cri, comme le cygne siffleur, trompette ou chanteur. Le cygne siffleur quitte la partie arctique du Canada l'hiver pour se rendre dans le sud des États-Unis.

▽ Les deux races de cygnes de l'hémisphère Sud sont le cygne noir australien et le cygne à cou noir d'Amérique du Sud.

Infos

- Les cygnes vivent 20 ans.
- Les cygnes avalent des pierres pour digérer. Il leur arrive même d'avaler des poids de canne à pêche, ce qui les empoisonne.
- Les cygnes font de grands nids qui peuvent flotter.

△ Les cygnes s'accouplent quand ils ont cinq ans et restent ensemble pour la vie. Les petits cygnes ont des plumes duveteuses grises et un petit cou qui leur donnent l'air de canards mal coiffés. Il leur faudra attendre un an pour avoir un long cou et des plumes blanches.

Cygne noir

En savoir plus

Canard et oie

Migration

Oiseau

Pélican

Dauphin

Les dauphins sont des créatures marines intelligentes. Ce ne sont pas des poissons, mais des mammifères qui comme nous respirent de l'air. Ils émettent des sons stridents pour communiquer.

Lagénorhynque à flancs blancs

△ Il existe plus de 30 espèces de dauphins réparties dans toutes les mers du monde.

Dauphin tacheté

◁ Les dauphins émettent des impulsions sonores. Puis ils écoutent l'écho renvoyé par ce qui les entoure afin de repérer leurs proies et de les chasser.

Infos

- La vitesse de pointe d'un dauphin est de 40 km/h.
- Un dauphin respire par le trou situé sur sa tête.

▽ Les dauphins à long bec aiment jouer. Leur corps profilé et leur queue puissante leur permettent de nager vite. Ils font souvent des bonds hors de l'eau. Ils vivent en grandes « bandes » familiales, et aiment faire la course avec les bateaux.

Dauphin à long bec

En savoir plus

Baleine

Orque

Défense

Un animal rapide peut fuir face à un prédateur. Mais les animaux plus lents ont besoin de moyens de défense. Une carapace épaisse ou des piquants dissuadent bien des attaques. D'autres se contentent de se cacher… en espérant que tout ira bien !

△ Le poisson-globe gonfle son corps pour faire pointer ses piquants. Cela éloigne la plupart des attaquants.

◁ La pieuvre se cache dans un trou et change de couleur pour se confondre avec la roche. Si elle est repérée, elle agite ses tentacules pour avoir l'air menaçant.

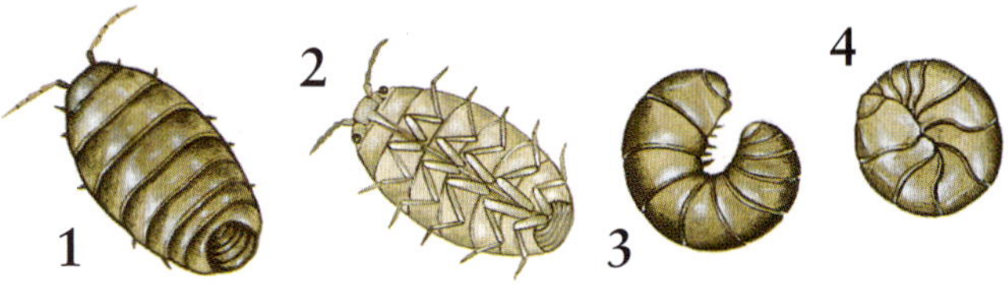

△ Le cloporte se défend en se roulant en boule, ainsi il est protégé et caché par sa carapace.

▷ Une partie de cache-cache ressemble beaucoup à la poursuite d'une proie. Celui qui est caché essaye de se faire le plus petit possible afin que celui qui cherche ne le voie pas.

△ La tortue utilise sa carapace comme une armure. Quand un danger menace, elle rétracte sa tête et ses pattes, en attendant de pouvoir sortir en toute sécurité.

Infos

- Les animaux qui piquent ou empoisonnent ont souvent des taches rouges (ou jaunes) et noires, ce qui fait fuir les prédateurs.
- La défense, pour certains, c'est le camouflage.

En savoir plus

Bébés animaux
Camouflage
Tatou
Tortue

Écureuil

La plupart des écureuils ont une queue touffue et vivent dans les arbres. Ils sont actifs le jour et courent de branche en branche en quête de fruits et de graines.

▷ L'écureuil commun est généralement roux en Europe mais ses couleurs peuvent aller du jaune au noir. Il vit dans des arbres creux ou construit, avec de la mousse et des brindilles, un nid rond qui peut faire 50 cm de diamètre.

◁ Les écureuils aiment les graines, surtout les glands, qu'ils grignotent avec leurs grandes incisives. En automne, ils enterrent parfois des réserves pour l'hiver.

▽ Les chiens de prairie sont des écureuils d'Amérique du Nord qui vivent dans des terriers. Certains réseaux de terriers abritent jusqu'à 1 000 individus.

En savoir plus
Habitat
Mammifère
Rat
Reproduction
Souris

Élan et cerf

Les élans et les wapitis sont des sortes de cerfs. Les élans vivent en Scandinavie, en Sibérie et au Canada. Les wapitis, eux, vivent uniquement en Amérique du Nord.

△ Le cerf rouge vit en Europe. Le wapiti est une espèce proche qui vit en Amérique et se distingue par sa robe marron-gris et son encolure noire.

▷ Les élans donnent souvent naissance à des jumeaux. Au début ils tiennent mal sur leurs jambes mais rapidement ils savent trotter.

▷ Les faons des wapitis naissent au printemps. Leur pelage est tacheté de blanc pour mieux les dissimuler aux yeux des loups et des pumas.

◁ Les élans mâles ont de très grands bois. Ils s'en servent pour se battre entre eux et impressionner les femelles. Plus un élan est vieux, plus ses bois sont grands. Pendant la période de reproduction, en automne, les mâles remplissent les forêts de leurs mugissements : on dit qu'ils brament.

En savoir plus

Cervidé
Mammifère
Renne

Éléphant

Les éléphants sont les plus lourds des animaux terrestres. Ils sont intelligents et ont une bonne mémoire. Il existe deux sortes d’éléphants : les africains et les indiens. Leur trompe, comme un bras, permet d’amener la nourriture et l’eau à la bouche. Leurs défenses sont en ivoire et les mâles s’en servent pour se battre.

△ En Inde, les éléphants sont dressés pour effectuer de gros travaux, comme porter des troncs. Un gardien d’éléphant est appelé un cornac.

1

2

◁ **1** L’éléphant d’Afrique est plus gros que son cousin indien. Ses défenses et ses oreilles sont plus grandes. Les défenses sont en fait des dents qui poussent hors de la bouche.

◁ **2** L’éléphant indien a de plus petites oreilles et son front est plus rond. Chez l’éléphant indien, seul le mâle a des défenses.

▽ Les éléphants d’Afrique vivent en groupes familiaux dirigés par les femelles les plus âgées. Les mâles forment des troupeaux indépendants.

Infos

- Les éléphants d’Afrique font près de 4 m, plus de deux fois la taille d’un homme adulte.
- Ils pèsent près de 7 tonnes, plus que six voitures.
- Ils peuvent vivre jusqu’à 70 ans.

En savoir plus

Girafe

Hippopotame

Rhinocéros

Étoile de mer

Les étoiles de mer vivent dans toutes les mers du monde, surtout dans les parties chaudes des océans Pacifique et Atlantique. Les étoiles de mer n'ont ni tête, ni cerveau, elles sont composées d'un corps central, d'une bouche et de cinq bras ou plus.

△ Il y a plus de 1 500 espèces d'étoiles de mer. La plupart sont très colorées.

1

2

3

4

◁ Les étoiles de mer ont des centaines de ventouses appelées podia. Quand elles sont retournées, elles utilisent leurs podia pour se remettre dans le bon sens. **1** Elle retourne le bout de ses bras pour s'agripper au rocher. **2** Puis elle ramène ses autres bras par-dessus. **3, 4** Une fois à plat, elle peut repartir.

▷ Certaines étoiles de mer ont beaucoup de bras, comme ce soleil de mer. Si elles perdent un bras, un autre pousse à sa place.

▽ Les étoiles de mer se nourrissent de coquillages. L'étoile de mer ouvre la coquille d'une moule avec ses ventouses. Puis elle sort son estomac de sa bouche et l'introduit dans la coquille.

Infos

- L'étoile d'épines mange du corail et abîme les récifs coralliens.
- Une étoile de mer sent les changements de lumière grâce à des capteurs au bout de ses bras.
- Certaines étoiles de mer pondent plus d'un million d'œufs par an.

En savoir plus

Coquillage
Corail
Crevette
Pieuvre et calmar

Évolution

La vie est apparue sur Terre il y a des millions d'années. Les animaux qui vivaient à l'époque étaient très différents de ceux d'aujourd'hui. Ceci est dû à l'évolution des êtres vivants, qui se transforment pour améliorer leurs chances de survie.

△ **1** Les fossiles sont les restes d'animaux morts depuis des millions d'années. Ils permettent de voir comment les êtres vivants ont évolué. On trouve des fossiles sur les plages et dans certaines roches.

△ **2** Observe un fossile à la loupe. Tu peux voir qu'il ressemble à certains animaux actuels. Les différences montrent comment l'animal a évolué pour pouvoir survivre.

◁ Il n'existait qu'une sorte de renard, puis certains ont évolué différemment. Le renard arctique vit sur la glace, donc il a une fourrure épaisse et blanche.

▷ Le fennec a évolué pour s'adapter au désert. Il a de grandes oreilles pour réguler la chaleur de son corps et sa fourrure est couleur sable.

◁ La phalène du bouleau a évolué récemment. À l'origine elle est de couleur claire, mais on trouve des individus noirs dans des lieux où les arbres sont noircis par les fumées d'usine. L'espèce améliore ainsi son camouflage.

En savoir plus
Camouflage
Habitat
Oiseau
Protection

Flamant, héron et cigogne

Les flamants vivent en colonies dans les marais d'Europe, d'Afrique, d'Amérique du Sud et d'Asie. Ils ont de grandes ailes, un cou long et mince et des jambes fines pour marcher dans l'eau. Le plus grand est le flamant rose. Flamants, hérons et cigognes sont tous des échassiers.

▽ Les hérons ont de longues pattes comme les flamants. Ils arpentent le bord de l'eau en quête de poissons. Quand il repère une proie, le héron la harponne avec son bec long et pointu. Comme beaucoup d'échassiers, il se tient parfois sur une seule jambe, ce qui permet de laisser l'autre au sec.

△ Les flamants marchent dans l'eau peu profonde en balançant leur tête dans l'eau. Leur bec fonctionne comme un tamis, retenant les crevettes et d'autres petits animaux dans l'eau boueuse. La couleur des flamants roses vient de la couleur des crevettes qu'ils mangent.

▽ Les cigognes sont aussi des échassiers. Les cigognes blanches passent l'hiver en Afrique et regagnent l'Europe en été pour pondre. On dit qu'avoir un nid de cigogne sur la cheminée de sa maison porte bonheur, et certains construisent des plates-formes pour les accueillir.

En savoir plus
Canard et oie
Cygne
Pélican

Fourmi et termite

Les fourmis et les termites vivent en colonies dans d'énormes nids. Dans la plupart des nids, une reine pond des œufs, et des milliers d'ouvrières s'occupent de la colonie. Chacune a son travail : les soldats défendent le nid, d'autres vont chercher la nourriture ou font le ménage.

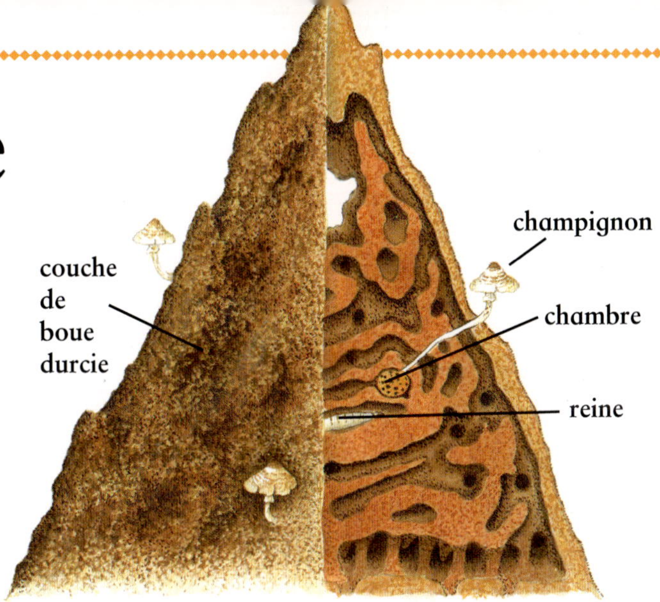

△ Les termites font des constructions de terre qui peuvent atteindre 7 m de haut. La plupart des termites mangent des plantes, mais certains se nourrissent de champignons qui poussent dans la termitière.

▽ Les fourmis parasols coupent des bouts de feuilles pour nourrir un champignon dont elles mangent le jus sucré.

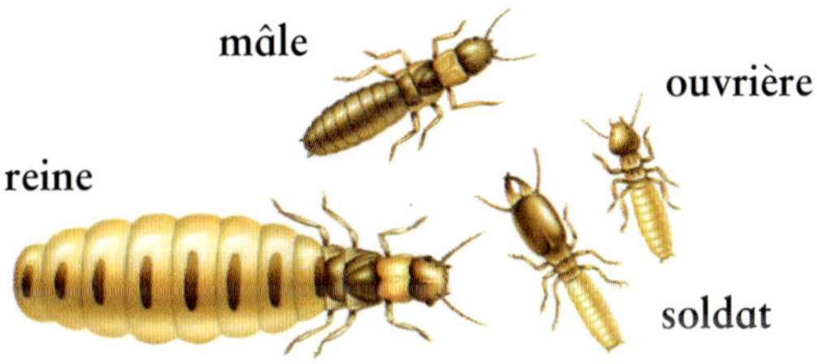

◁ Une reine termite pond 30 000 œufs par jour. La reine mesure environ 11 cm, le mâle, 2 cm, et les ouvrières, 1 cm. Les termites sont plus grands que les fourmis et leur corps est plus mou.

▷ Les fourmis amazones marchent en rangs serrés, parfois sur 12 m de large. Les soldats montent la garde et les ouvrières capturent tous les insectes ou petits animaux qui se trouvent sur leur route. Elles les apportent ensuite à la reine et aux porteuses de larves, à l'abri au centre de la troupe.

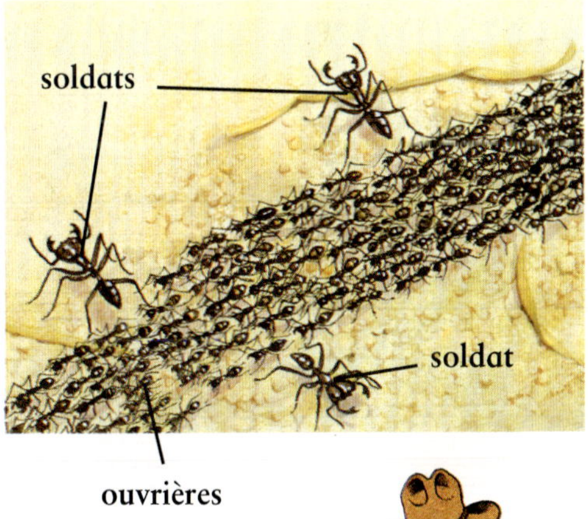

◁ Plus petite que la termitière, la fourmilière est composée elle aussi de nombreux compartiments. C'est là que les fourmis déposent les œufs, élèvent les larves et stockent la nourriture.

En savoir plus

Abeille et guêpe
Fourmilier
Insecte
Oryctérope

Fourmilier

Les fourmiliers sont des mammifères vivant en Amérique du Sud et en Amérique centrale. Ils mangent des fourmis, des termites et d'autres insectes. Avec leur grand nez à l'odorat développé, ils repèrent leurs proies, puis fouillent le sol de leurs pattes griffues. Leur longue et fine langue collante peut se faufiler jusqu'au fond des galeries.

△ Le tamandua attrape les termites dans leur nid, même haut dans les arbres. Il utilise sa longue queue pour garder son équilibre et peut avaler des milliers de termites en quelques minutes.

▷ Le tamanoir marche lentement, portant son poids sur les phalanges de ses pattes avant. Ainsi, ses griffes restent bien aiguisées pour creuser le sol. Jusqu'à un an, les petits profitent de la promenade, installés sur le dos de leur mère.

◁ Le tamandua vit dans les arbres des forêts tropicales. Il a une queue préhensile. C'est l'un des seuls fourmiliers à ne pas vivre sur le sol. Il sort et chasse la nuit et dort pendant la journée.

En savoir plus

Fourmi et termite
Mammifère
Oryctérope
Paresseux
Porc-épic

Girafe

Les girafes sont les plus hauts animaux du monde, elles mesurent jusqu'à 6 m. Leurs pattes avant sont si longues qu'elles doivent les écarter pour pouvoir boire.

◁ Les taches sur son pelage permettent à la girafe de se camoufler. Les motifs sont gros (ci-dessus) ou plus petits (à gauche). Chaque girafe a des marques différentes.

▽ Les girafes vivent en petits groupes dans les plaines africaines. Les girafons naissent au terme de 15 mois de grossesse. Les petits sont capables de se dresser sur leurs pattes et de suivre leur mère une ou deux heures à peine après leur naissance.

△ Les girafes profitent de leur taille pour brouter les feuilles au sommet des acacias. Grâce à une bouche très dure, elles mangent même les épines. Les girafes enroulent leur langue autour des plus hautes branches pour les tirer jusqu'à elles.

En savoir plus

Antilope
Buffle
Zèbre

Gorille

Les gorilles sont des singes grands et forts. Ils ont l'air féroce mais sont en fait de paisibles végétariens. Ils sont de plus en plus rares et on n'en trouve que dans les forêts et les montagnes d'Afrique centrale.

▽ Les gorilles vivent en groupes dirigés par un gros mâle au dos argenté. Ces poils argentés poussent quand un gorille atteint 10 ans. Les mâles à dos argenté peuvent être aussi grands qu'un homme et peser 225 kg, soit trois fois le poids d'un homme de la même taille.

△ Les gorilles mangent des feuilles, des bourgeons, des tiges, des baies et même, parfois, de l'écorce. Quand ils ont mangé la plupart des plantes d'un lieu, ils le quittent pour laisser la végétation repousser.

◁▽ Les gorilles apprennent à marcher vers 10 mois. Ils sont allaités pendant deux ans et passent leur temps à jouer. Les jeunes gorilles dorment avec leur mère jusqu'à trois ans, puis ils construisent leur propre nid de branchages.

En savoir plus

Babouin
Chimpanzé
Orang-outan
Singe

Grenouille et crapaud

Les grenouilles et les crapauds sont des amphibiens.
Les grenouilles ont la peau humide et font des bonds pour se déplacer. Alors que les crapauds ont la peau sèche et marchent.

△ Les grenouilles tropicales sont souvent très colorées. Ainsi les autres animaux sont avertis qu'elles sont toxiques. Le poison de cette dendrobate sud-américaine (en bas) est si puissant que les Indiens l'utilisent pour enduire la pointe de leurs flèches.

△ La femelle pipa du Surinam a des trous sur le dos où ses œufs se développent. Au bout de 80 jours, les petits crapauds sortent des cavités.

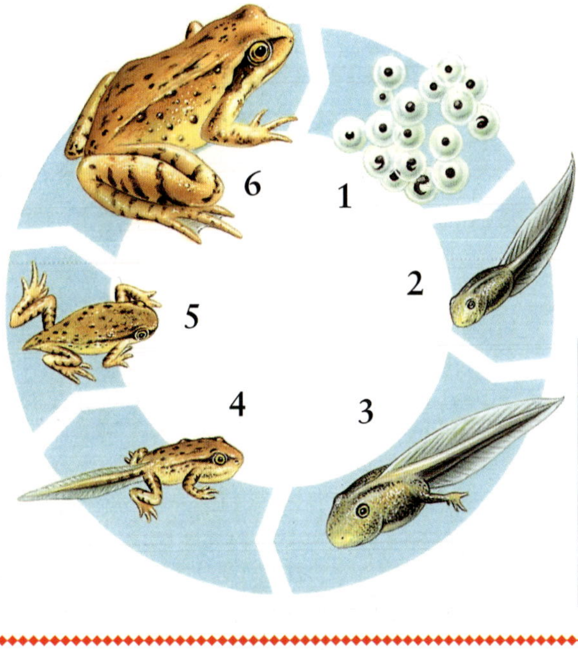

▷ **1** La plupart des grenouilles et des crapauds pondent dans l'eau. **2** Deux semaines plus tard, des têtards sortent des œufs. **3** Ils ont des branchies comme les poissons, mais leurs pattes se développent. **4** Au bout de trois mois les branchies diminuent, la queue raccourcit et les poumons poussent. **5, 6** Les petites grenouilles peuvent maintenant quitter l'eau et grandir sur terre.

En savoir plus

Amphibien
Poisson
Reproduction
Triton

Guépard

Les guépards sont de minces félins tachetés aux longues jambes. Ce sont les animaux terrestres les plus rapides : ils courent à plus de 100 km/h. On trouve les guépards dans les grandes plaines d'Afrique.

△ Les guépards ne peuvent courir à grande vitesse que sur une courte distance. Ils fauchent leurs proies pour les faire tomber.

◁ Les femelles guépards ont jusqu'à quatre petits à la fois. Les petits sont couverts de longs poils gris. Ils ressemblent ainsi à des ratels, des animaux agressifs, ce qui tient les éventuels prédateurs à distance.

Infos

- Les guépards sont les seuls félins à ne pas pouvoir rétracter totalement leurs griffes. Ils s'en servent comme de crampons lors de leur course vers une proie.
- Les guépards mesurent 1,40 m, leur queue 80 cm.

▷ On trouvait autrefois des guépards dans toute l'Afrique, au Moyen-Orient et en Inde. Ils ont été tellement chassés qu'ils ont disparu d'Asie et il n'en reste plus que 30 000 environ au sud du Sahara. L'espèce est en voie de disparition.

En savoir plus

Chat (sauvage)
Lion
Panthère
Puma
Tigre

Habitat

L'habitat est le lieu où vit un animal. C'est là qu'il trouve de la nourriture, de l'eau et un abri, tout ce dont il a besoin pour survivre. Il existe de nombreuses sortes d'habitats à travers le monde.

◁ Les petites bêtes comme les limaces et les escargots ont besoin d'un habitat sombre et humide. Retourne un pot de fleur en laissant une partie soulevée. Dans quelques jours, ton pot sera sûrement devenu un habitat pour plusieurs petites bêtes.

savane

forêt tropicale

désert

△ Au fil du temps, les animaux ont évolué pour s'adapter à leur habitat. Ainsi le chameau peut survivre dans le désert car il peut se passer d'eau pendant plusieurs jours. Si un habitat se modifie – si le volume des pluies diminue, par exemple –, chaque animal doit s'adapter à ces nouvelles conditions. Quand on retire brutalement un animal de son habitat, il ne peut pas s'adapter assez rapidement et il ne survit pas.

En savoir plus

Chameau
Chimpanzé
Évolution
Girafe

Hérisson

Les hérissons sont des mammifères vivant dans les forêts et les haies d'Europe, d'Asie et d'Afrique. Ils ont presque tous des centaines de gros piquants sur le dos, qui les protègent des prédateurs. Il existe aussi des hérissons poilus, qui vivent en Asie.

△ Les hérissons peuvent être amicaux, surtout si on les nourrit. Mais évite de les toucher car ils sont souvent couverts de puces.

▽ Le hérisson commun a généralement quatre petits. Les bébés ne se blessent pas en tétant leur mère puisqu'elle n'a des piquants que sur le dos. Les adultes sortent la nuit en quête de nourriture. Les hérissons mangent des plantes mais préfèrent les insectes et les grenouilles.

Infos

- Les bébés naissent aveugles et leurs piquants sont mous.
- Les hérissons dorment plus de 20 heures par jour. Dans les régions froides, ils hibernent l'hiver, en boule sous un tas de feuilles.
- Le grand gymnure peut atteindre 40 cm de long.

△ Quand un hérisson se sent menacé, il se roule en boule, piquants dressés. Cela dissuade les prédateurs, mais pas les voitures, qui les écrasent souvent alors qu'ils sont roulés en boule sur la route. Les hérissons savent grimper aux arbres et, s'ils tombent, leurs piquants amortissent le choc.

En savoir plus

Mustélidé
Porc-épic
Renard
Taupe

Hippocampe

Les hippocampes sont des poissons des mers chaudes. Comme ils nagent verticalement et ont l'air d'avoir une carapace, on ne dirait pas des poissons. Pourtant ce sont des cousins de l'épinoche.

▷ Pour se reproduire, les hippocampes se mettent ventre contre ventre. La femelle dépose ses œufs dans la poche ventrale du mâle. Cinq semaines plus tard, plus de 200 petits, répliques miniatures des adultes, sortent de la poche.

△ Les hippocampes passent beaucoup de temps accrochés par la queue à des algues. Ils mangent en aspirant des crevettes et du plancton.

◁ Le dragon de mer est un hippocampe des côtes australiennes. Il mesure 1,50 m. Son corps est couvert d'appendices en forme de feuilles qui le camouflent.

En savoir plus

Camouflage
Corail
Poisson
Reproduction

Hippopotame

Ces gros animaux ont un corps trapu et des petites pattes. Le mot « hippopotame » vient du grec et signifie « cheval de rivière ». Ils ne sont pas apparentés aux chevaux, mais ils vivent bien près des rivières, en Afrique.

△ Les hippopotames ont une bouche énorme et deux immenses dents sur la mâchoire inférieure. En période de reproduction, les mâles en compétition font des concours de grande bouche et peuvent se blesser avec leurs défenses. Les hippopotames quittent l'eau la nuit pour brouter de l'herbe. Leurs lèvres sont dures pour couper l'herbe.

▷ Les hippopotames passent leurs journées dans l'eau, ne laissant dépasser que les yeux, les oreilles et le nez. Cela les protège de la chaleur. Ils peuvent rester sous l'eau 10 minutes sans remonter à la surface.

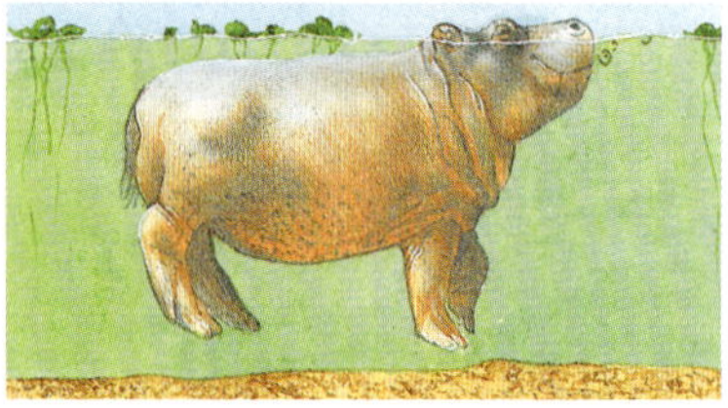

Infos

- Les hippopotames vivent en groupes de 15 ou plus dans les fleuves et lacs africains.
- Les hippopotames peuvent atteindre une longueur de 4,60 m, mesurer 1,50 m au garrot et peser 4,5 tonnes.

◁ Un bébé hippopotame peut peser jusqu'à 55 kg à la naissance. Il se tient debout quelques minutes après être né et reste près de sa mère pour être protégé.

En savoir plus

Cheval
Cochon
Rhinocéros

Homard et écrevisse

Les homards et les écrevisses sont des animaux aquatiques à carapace dotés de grandes pinces. Les homards vivent dans toutes les mers du monde et peuvent atteindre 50 cm de long.
Les écrevisses vivent en eau douce et sont plus petites.

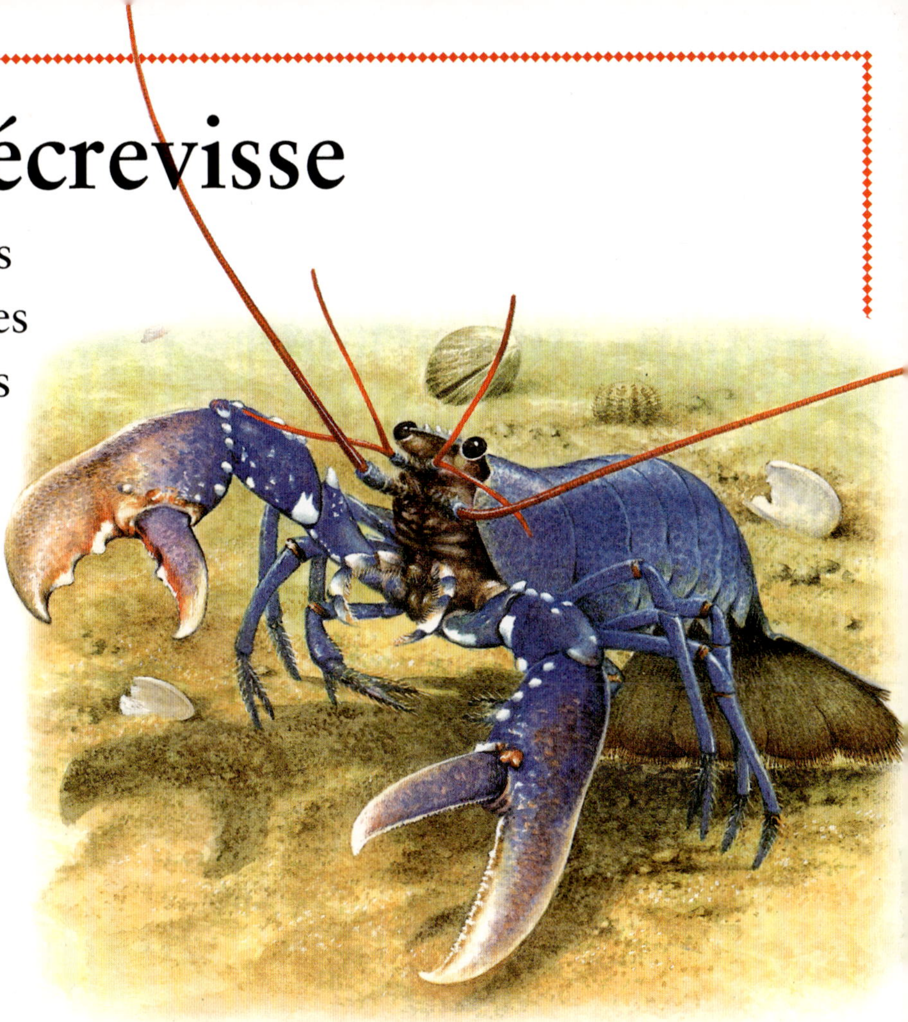

△ Les homards marchent la nuit au fond de la mer en quête de nourriture. Ils mangent souvent des corps morts, qu'ils découpent à l'aide de leurs grandes pinces. Quand ils ont peur, ils reculent précipitamment en battant de la queue.

△ Les écrevisses vivent dans des trous ou sous des rochers, sur les berges des rivières et des lacs. Elles chassent les escargots et les larves d'insectes. Elles mangent aussi des cadavres de poissons et des plantes.

▽ Les langoustes n'ont pas de pinces, mais elles ont de très longues antennes avec lesquelles elles peuvent repousser leurs ennemis.

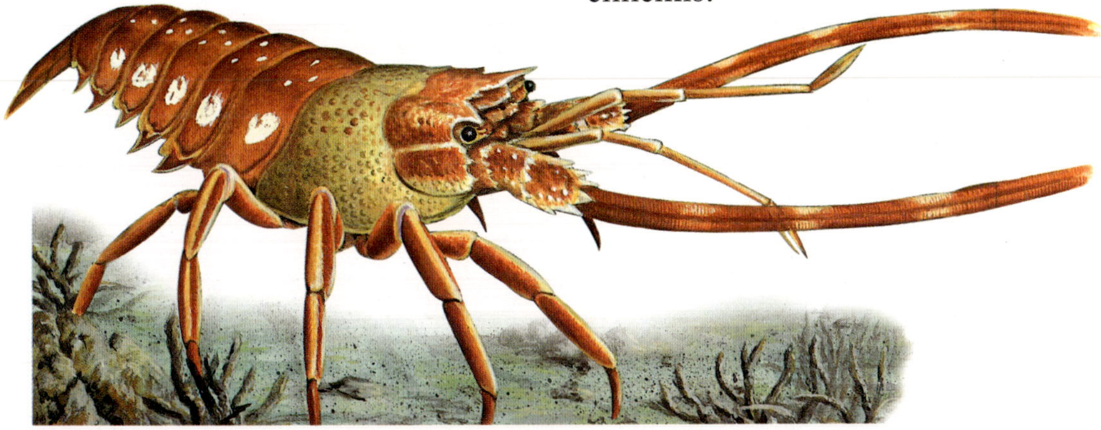

En savoir plus

Coquillage
Crabe
Crevette

Hyène

Les hyènes sont des mammifères qui vivent en Afrique et en Asie. Elles se nourrissent surtout des restes laissés par les lions. Leurs mâchoires sont si puissantes qu'elles peuvent broyer des os que les lions n'ont pas pu casser.

Hyène rayée

Hyène brune

△ Les hyènes brunes et rayées sont plus petites et moins féroces que les hyènes tachetées. Elles rôdent souvent la nuit pour manger les restes de proies abandonnées par d'autres animaux.

▷ Les hyènes tachetées, ou hyènes rieuses, poussent des cris bizarres, comme des ricanements. Ce sont les plus grandes et les plus fortes des hyènes, elles peuvent atteindre 2 m de long. Elles chassent en meute et peuvent s'attaquer à des rhinocéros.

◁ Le protèle est un proche parent de la hyène qui vit dans le sud de l'Afrique. Il est plus petit qu'une hyène et ne se nourrit que de termites, de fourmis et d'insectes.

En savoir plus

Chien (sauvage)
Lion
Loup
Renard

Iguane et varan de Komodo

On appelle couramment les varans de Komodo « dragons de Komodo ». Ce ne sont pas des dragons, mais les plus grands lézards vivants : ils peuvent mesurer 3 mètres.

△ Les iguanes, comme cet iguane vert, sont aussi de grands lézards, plus petits toutefois que le dragon de Komodo, et vivent dans les forêts tropicales d'Amérique. Les iguanes verts font près de 2 mètres de long et ont des piquants sur le dos.

◁ Les dragons de Komodo (île d'Indonésie) mangent des cadavres d'animaux et chassent les sangliers et les petits cerfs. Ils sentent la trace de leur proie avec la langue.
Ils attaquent en une brève course rapide et découpent leurs victimes avec leur puissante mâchoire. Les dragons de Komodo peuvent vivre 100 ans.

◁ Les iguanes marins des îles Galapagos, dans le Pacifique, vivent au bord de l'eau. Ce sont les seuls lézards à pouvoir nager dans l'eau de mer. Ils se nourrissent d'algues et sont capables de rester jusqu'à 20 minutes sous l'eau pour manger.

En savoir plus

Caméléon
Lézard
Triton

Insecte

Les insectes sont plus nombreux sur Terre que n'importe quel autre groupe animal. On connaît environ 1 million d'espèces, qui peuplent toutes les régions du monde et tous les environnements.

◁ Les insectes sont capables de faire des choses compliquées et construisent souvent des nids élaborés. La guêpe potier fait son guêpier avec du bois mâché ou de la boue. Elle tue des chenilles puis les apporte à ses petits.

Infos

- Le plus léger des insectes est la guêpe parasite.
- Les éphémères vivent quelques heures, certains scarabées plusieurs années.
- Une fourmi peut porter 50 fois son poids.
- Les plus grands cafards mesurent 10 cm de long.

▷ Tous les insectes ont six pattes, deux antennes et un corps en trois parties : la tête, le thorax et l'abdomen. Les pattes sont toujours attachées au thorax. Les insectes sont des invertébrés, c'est-à-dire qu'ils n'ont pas d'os mais une carapace qui entoure leur corps. La plupart des insectes ont aussi deux paires d'ailes.

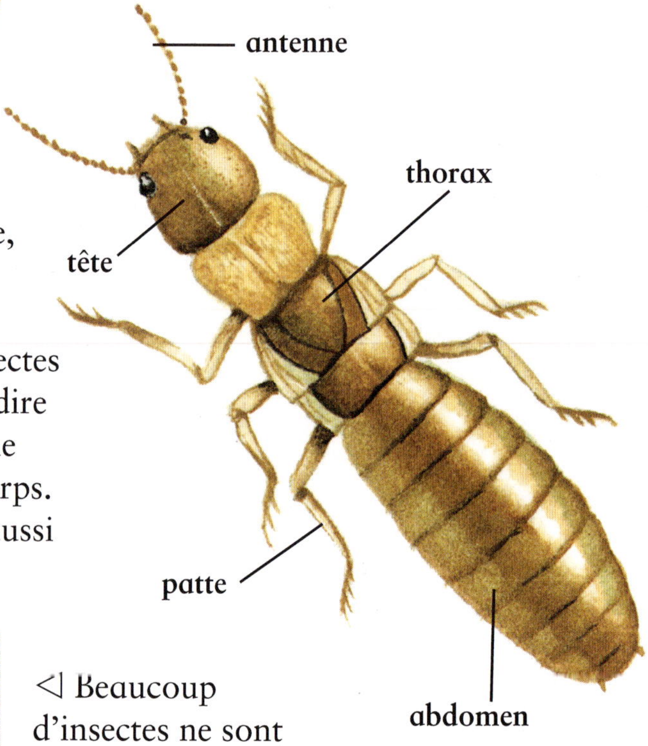

◁ Beaucoup d'insectes ne sont visibles que la nuit. Si tu veux les observer, étends un drap blanc sur un fil à linge un soir d'été et braque une lampe torche dessus. Les insectes attirés par la lumière se poseront sur le drap.

En savoir plus

Abeille et guêpe
Fourmi et termite
Papillon et phalène
Scarabée

Kangourou et wallaby

Les kangourous et les wallabies vivent en Australie. Ce sont des marsupiaux. Cela signifie que les femelles ont une poche sur le ventre où leur bébé se développe jusqu'à ce qu'il soit assez grand pour sortir.

▷ À la naissance, le bébé kangourou ne mesure pas plus de 2 cm. Pour rejoindre la poche, il rampe sur la fourrure de sa mère. Une fois dans la poche, le bébé s'accroche à une tétine et ne la quitte plus jusqu'à ce qu'il soit en âge de se débrouiller seul.

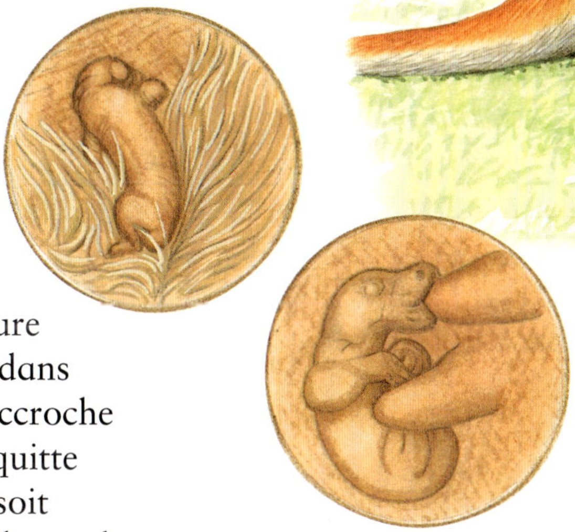

△ Il existe 56 espèces de kangourous et de wallabies (les plus petits kangourous). La plupart vivent au sol mais quelques-uns sont arboricoles.

▷ Les kangourous sont des sauteurs impressionnants. Ils bondissent sur leurs puissantes pattes arrière en s'équilibrant avec leur queue. Ils peuvent franchir 10 m en un seul saut.

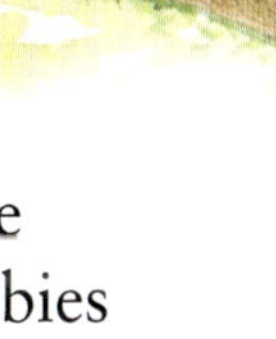

En savoir plus
Koala, wombat et opossum
Mammifère
Ornithorynque

Kiwi

Les kiwis vivent dans les forêts denses de Nouvelle-Zélande. Ils se font rares car ces forêts disparaissent. Le kiwi est un oiseau au long bec, aux pattes courtes, dépourvu de queue. Ses ailes sont si petites qu'elles sont cachées par ses plumes et qu'il ne peut pas voler.

Infos

- Les kiwis ont la taille d'une poule et pèsent 4 kg.
- L'œuf d'un kiwi pèse 450 g, il est neuf fois plus gros qu'un œuf de poule.
- Les kiwis sont de la même famille que le moa, un oiseau qui a disparu.

△ Le kiwi vit surtout la nuit. Le jour il dort dans un terrier. Quand un kiwi est menacé, il peut courir très vite et se défendre avec ses griffes.

△ Les oiseaux ont généralement une excellente vue mais celle des kiwis est faible. En revanche, ils ont un très bon odorat. Les narines du kiwi sont situées au bout de son bec, avec lequel il fouille le sol pour trouver des vers, des insectes, des baies et des graines.

▷ Le kakapo vient aussi de Nouvelle-Zélande. Comme le kiwi, il ne peut pas voler, il représente donc une proie facile. C'est l'un des oiseaux les plus rares du monde.

En savoir plus

Autruche
Manchot
Oiseau
Perroquet

Koala, wombat et opossum

Les koalas vivent dans les forêts d'eucalyptus en Australie orientale. Ils ressemblent à des petits ours mais ce sont des marsupiaux comme les kangourous. Les wombats et les opossums sont, eux aussi, des marsupiaux.

△ Les wombats ressemblent aux koalas et vivent aussi en Australie. Mais ils sont plus grands, entre 70 et 120 cm de long, et vivent sur le sol. Pendant la journée, ils restent sur le lit d'herbe installé au fond de leur terrier. Ils sortent la nuit pour manger de l'herbe et des racines d'arbres et d'arbustes.

△ Quand un jeune koala quitte la poche de sa mère, il s'accroche à son dos. Les koalas passent toute leur vie dans les eucalyptus, dont ils mangent les feuilles et l'écorce. Ils ne descendent que pour changer d'arbre.

▽ Les opossums sont les seuls marsupiaux à ne pas être australiens. Ils vivent en Amérique du Nord et du Sud. Un opossum mesure en moyenne 1 m de long, dont au moins la moitié pour sa queue, avec laquelle il peut s'accrocher.

En savoir plus

Kangourou et wallaby

Mammifère

Ornithorynque

Lama

On trouve le lama dans les hautes montagnes des Andes et dans les plaines d'Amérique du Sud. Comme son cousin l'alpaga, on peut le domestiquer. Avec le sauvage guanaco, ce sont des membres de la famille des chameaux.

△ Les guanacos vivent généralement sur les hauts sommets, à plus de 4 000 m d'altitude. Leur sang est riche en globules rouges, ce qui leur permet de respirer l'air raréfié.

△ Ainsi que le faisaient les anciens Incas au Pérou, on utilise encore les lamas comme bêtes de somme. On mange la viande des femelles mais pas celle des mâles qui est trop dure.

▷ La laine des alpagas est très prisée par les Sud-Américains. Elle est douce et tient bien chaud durant les hivers rigoureux.

En savoir plus

Chameau
Chèvre
Mammifère
Yack

Lapin et lièvre

Le lapin et le lièvre sont des parents très proches. Les lièvres sont plus gros, ils ont de plus grandes oreilles et de plus grandes pattes que les lapins. Les lièvres vivent au sol et les lapins, dans des terriers.

△ Le lièvre de Californie vit dans les déserts d'Amérique du Nord. Il a de très grandes oreilles grâce auxquelles il évacue une grande partie de sa chaleur corporelle.

△ Les lapins sont originaires d'Espagne et d'Afrique du Nord. Mais l'homme les a importés dans tous les pays du monde.

Infos

- Les lapins peuvent avoir 10 petits par portée et ce 7 fois par an.
- Les jeunes lièvres sont des levrauts.
- La vitesse de pointe des lièvres est de 70 km/h.

▽ Les lapins sont des animaux de compagnie appréciés. Ils sont agréables et faciles à vivre, se contentant d'un clapier dehors. Mais il faut leur donner à boire et à manger tous les jours et nettoyer souvent leur cage.

En savoir plus

Cochon d'Inde, gerbille et hamster
Écureuil
Rat

Lémurien

Les lémuriens vivent uniquement sur l'île de Madagascar, et deviennent rares car les forêts où ils vivent sont peu à peu détruites. Bien qu'ils ressemblent à des singes, ils ne font pas partie du même groupe d'animaux.

▷ La plupart des lémuriens restent toujours au sommet des arbres, mais on trouve souvent le maki sur le sol. Sa longue queue rayée lui permet de se signaler aux autres lémuriens.

△ Comme la plupart des lémuriens, l'aye-aye est actif la nuit. Il utilise ses grands yeux et ses grandes oreilles pour trouver la nourriture et sentir le danger. Ses pattes avant ont un majeur très long dont il se sert pour attraper des insectes et des vers dans les creux des arbres.

▽ L'indri est le plus rare et le plus grand des lémuriens, il peut mesurer jusqu'à 1,30 m. Il vit le jour et a une queue très courte, pour un lémurien.

Infos

- Les lémuriens sont des primates comme les singes et les hommes.
- Les lémuriens mangent des fruits et des feuilles, mais aussi des insectes et des œufs.
- Le plus petit des lémuriens est le chirogale mignon, qui mesure 15 cm.

En savoir plus

Chimpanzé
Gorille
Orang-outan
Singe

Lézard

Les lézards sont des reptiles. Ils ont des écailles, une longue queue, se déplacent vite et vivent plutôt dans des endroits chauds. Car ce sont des animaux à sang froid qui ont besoin du soleil pour se réchauffer.

△ L'héloderme ou monstre de Gila vit dans les déserts d'Amérique du Nord. Ses taches rouges et noires avertissent qu'il est venimeux.

△ La peau de certains lézards devient plus foncée au soleil. Cela aide leur corps à mieux absorber la chaleur.

△ Malgré son aspect terrifiant, le moloch épineux d'Australie est sans défense. Seuls ses piquants le protègent.

Infos

- Le gecko des îles Vierges mesure 35 mm : c'est le plus petit des lézards.
- Quand on attrape certains lézards par la queue, celle-ci se détache du corps. Une nouvelle queue repoussera en quelques mois.

◁ Le lézard à collerette relève son collier écailleux pour effrayer ses ennemis.

En savoir plus

Caméléon

Iguane et varan de Komodo

Triton

Libellule et demoiselle

Les libellules sont les plus rapides des insectes volants. Elles filent au-dessus des étangs à la vitesse de 90 km/h. Les demoiselles sont plus fines, plus délicates et volettent sans hâte.

△ Les libellules et les demoiselles vivent près de l'eau. Les jeunes, appelés nymphes, sortent d'œufs pondus sur des plantes. Les nymphes mangent des créatures aquatiques et, deux ans plus tard, deviennent adultes.

▷ Les ailes d'une demoiselle sont presque transparentes. On les voit briller quand elle cherche des petits insectes à manger.

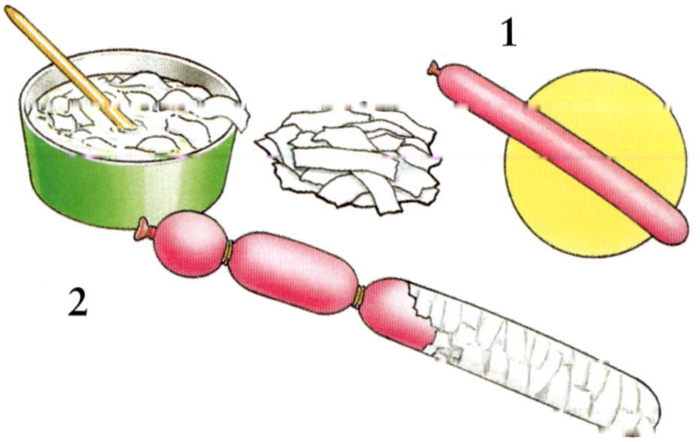

1

2

△ **1** Pour faire une libellule, commence par gonfler un ballon allongé. **2** Tords et attache le ballon à deux endroits pour marquer les trois parties du corps. Recouvre ensuite le ballon de papier mâché. Quand il est sec, peins le corps.

3

▷ **3** Prends un fil de fer et donne-lui la forme des ailes. Recouvre-les de film transparent et fixe les ailes sur le corps avec le fil. Attache des cure-pipes ou des pailles à la partie du milieu pour faire les pattes. Pour les yeux, coupe une balle de ping-pong en deux et colle-la sur la tête.

En savoir plus

Abeille et guêpe

Fourmi et termite

Insecte

Mouche

Scarabée

Limace et escargot

Les limaces et les escargots vivent dans toutes les régions du monde, sur terre ou dans l'eau.
Ils ont des antennes sur la tête et un corps mou. Les escargots ont une coquille, mais pas les limaces.

△ Les limaces et les escargots mangent des plantes en décomposition. Mais il leur arrive de s'attaquer aux végétaux vivants et de menacer les jardins. Leurs bouches sont remplies de dents minuscules.

◁ Observe les déplacements d'un escargot et d'une limace en les posant sur une vitre ou une plaque de plastique. Tu verras qu'ils laissent une trace de bave qui facilite leurs mouvements.

▽ On sait que les escargots se déplacent lentement, mais une course d'escargots est quand même très amusante. Sur une planche, fais trois couloirs en fixant du fil avec des punaises. Trace les lignes de départ et d'arrivée à la craie. Maintenant, il ne reste plus qu'à mettre les coureurs en position !

Infos

- Les espèces terrestres ont des poumons, les aquatiques, des branchies.
- L'escargot géant d'Afrique peut faire 30 cm de long.
- Les cônes mangent des poissons. Ils les paralysent en leur injectant du poison.

En savoir plus

Coquillage
Habitat
Petites bêtes
Poisson
Protection
Ver

Lion

Les lions sont les plus gros prédateurs d'Afrique. Ces puissants félins vivent dans la savane en groupes appelés « troupes ». Les troupes sont composées de femelles avec leurs lionceaux et de quelques mâles. Le lion n'a aucun ennemi à part l'homme et on le surnomme « le roi des animaux ».

▽ Les lions chassent surtout la nuit et se reposent pendant la journée. Leurs proies favorites sont les grands herbivores de la savane : antilopes, zèbres et buffles. En fait, ce sont les lionnes qui sont chargées de la chasse, en plus des soins aux lionceaux.

△ Les lions mâles ont une grande et épaisse crinière autour du cou. Ils s'occupent de la défense du territoire de la troupe, et leur rugissement éloigne les intrus. Les lions adultes sont de couleur fauve, seuls les lionceaux sont tachetés.

En savoir plus
Guépard
Mammifère
Panthère
Puma
Tigre

Loup

Les loups sont les plus grands des canidés sauvages. Ce sont des chasseurs qui traquent leurs proies en meute. À cause de leurs dents pointues et de leurs hurlements effrayants, les gens ont peur des loups et croient qu'ils s'attaquent aux humains, ce qui arrive rarement.

△ Les loups ont été chassés par les humains. Ils ne vivent plus que dans des endroits reculés du nord de l'Asie, de l'Europe et de l'Amérique.

◁ Les loups vivent en groupes menés par un ou deux chefs. Les louveteaux sont très actifs et passent beaucoup de temps en combats amicaux. Quand ils ont grandi, les parents leur apprennent à chasser.

▽ Une meute de loups poursuit sa proie jusqu'à ce qu'elle soit épuisée et plus facile à capturer. Ils chassent divers animaux, des petits rongeurs aux gros rennes ou aux bœufs musqués.

En savoir plus

Chien (sauvage)
Mammifère
Renard
Renne

Loutre

Les loutres sont des mammifères. On les trouve au bord des rivières, partout dans le monde. Les loutres vivent sur terre mais passent beaucoup de temps dans l'eau.

△ Les loutres femelles ont entre un et cinq bébés, qu'elles élèvent dans des terriers creusés dans les berges.

▷ Les loutres mangent des poissons et des crustacés. Elles nagent très bien et leur corps est adapté à la chasse dans l'eau.

▽ Les jeunes loutres passent beaucoup de temps à jouer et à lutter. Un de leurs jeux favoris consiste à se laisser glisser sur une berge couverte de neige ou de boue.

△ Les loutres de mer vivent dans le Pacifique Nord, de la Californie au Japon. Elles se laissent souvent flotter sur le dos et transportent parfois leur bébé sur le ventre.

En savoir plus

Blaireau
Mustélidé
Ornithorynque
Phoque et otarie

Macareux

Les macareux sont des petits oiseaux marins qui vivent dans les parties froides du nord du Pacifique et de l'Atlantique. Les macareux moines ont de grands becs aux couleurs éclatantes pendant la période de reproduction. En hiver, leur bec est jaune pâle.

△ Le macareux du Kamtchatka constitue l'une des trois races de macareux. Son aigrette est composée de longues plumes jaunes recourbées vers l'arrière à partir de l'œil.

△ Les macareux vivent en grandes colonies sur des falaises. Ils nichent dans des terriers de lapins abandonnés ou des tunnels qu'ils ont creusés eux-mêmes. Les femelles ne pondent qu'un œuf par an.

◁ Les macareux moines mangent surtout des équilles, des petits poissons qu'ils ramènent au nid dans leur bec. Malgré leur allure pataude, les macareux volent et nagent très bien.

En savoir plus

Canard et oie

Manchot

Mouette

Oiseau

Sterne arctique

Mammifère

Les mammifères sont un groupe d'animaux auquel appartiennent les humains. Ce sont des vertébrés à sang chaud qui vivent dans tous les milieux : l'eau, la terre, les airs. Il existe 4 000 espèces de mammifères, qui ont toutes des caractéristiques communes.

△ Une petite fille et un chat sont tous les deux des mammifères. Leur corps est couvert de poils. Leur mâchoire est constituée d'un seul os, ce qui est le cas uniquement chez les mammifères.

△ Un mammifère est carnivore (mangeur de viande), herbivore (mangeur de plantes) ou omnivore (mangeur de viande et de plantes). Ce galago est omnivore et fait partie des primates, les animaux qui peuvent tenir des objets dans leurs mains.

▽ Tous les mammifères nourrissent leurs petits avec leur lait. Les petits naissent déjà formés, sauf chez l'ornithorynque, qui pond des œufs.

▷ Les mammifères sont des animaux à sang chaud, c'est-à-dire que leur corps garde la même température, qu'il fasse chaud ou froid. Demande à un adulte de prendre ta température dans une pièce froide puis dans une pièce chaude. Tu verras que ta température est toujours d'environ 37 °.

En savoir plus
Bébés animaux
Évolution
Lapin et lièvre
Reproduction

Manchot

Les manchots sont des oiseaux marins qui vivent dans les zones les plus froides de la Terre. On les trouve autour de l'Antarctique, sur les côtes du sud de l'Amérique et de l'Afrique, et en Australie. Les manchots ne peuvent pas voler mais sont d'excellents nageurs.

△ Les petites ailes des manchots leur servent de nageoires, et leurs courtes pattes et leur queue, de gouvernail. Ils mangent du poisson et du krill, une petite crevette. Leur plumage est imperméable et des couches de graisse servent d'isolant.

△ Le manchot empereur ne fait pas de nids. Le mâle garde les œufs au chaud en les tenant sur ses pieds. Quand le poussin sort de l'œuf, il reste tout contre ses parents pendant plusieurs semaines.

◁ Le manchot Adélie vit en colonies bruyantes dans les îles de l'Antarctique. Le mâle crie, la tête en arrière, pour attirer les femelles ou tenir à distance d'autres mâles.

◁ Alors que le manchot empereur peut atteindre 1,50 m, le minuscule manchot pygmée ne mesure qu'une trentaine de centimètres.

En savoir plus

Autruche, émeu et casoar

Bébés animaux

Phoque et otarie

Martinet et hirondelle

Les martinets et les hirondelles font partie des oiseaux les plus rapides en vol. Les martinets ont des ailes plus longues et volent plus haut que les hirondelles. Ils ne se posent presque jamais. Les hirondelles volent plus bas et s'arrêtent pour se reposer.

△ Les martinets sont parfaitement adaptés au vol prolongé. En fait, ils ne se posent presque jamais, sauf en période de reproduction.

△ Les couples d'hirondelles construisent ensemble un nid en boue, souvent sous le toit des maisons. Ils nourrissent d'insectes leurs petits affamés.

Infos

- Martinets et hirondelles se ressemblent, mais ne sont pas de la même espèce.
- Les martinets volent à 70 km/h.
- L'hirondelle arboricole niche dans des arbres creux.
- Hirondelles et martinets vivent dans toutes les régions du monde.

▽ Les hirondelles et les martinets, comme ce martinet à ventre blanc, capturent les insectes en vol à grande vitesse. Leurs petites moustaches poussent les insectes vers leur bec.

▷ À la fin de l'été, quand les petits sont élevés, les hirondelles migrent vers le sud pour échapper au froid et trouver des insectes en abondance. Certains oiseaux qui nichent en Europe vont jusqu'au sud de l'Afrique. Chaque année, ils reviennent au même endroit pour se reproduire.

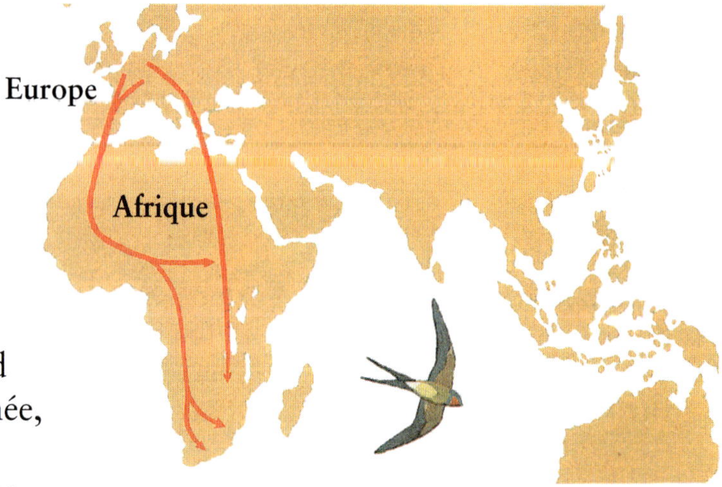

En savoir plus
Migration
Oiseau
Reproduction
Sterne arctique

Méduse

Les méduses sont des animaux marins dont le corps est presque entièrement constitué d'eau. Les plus petites méduses ne dépassent pas quelques centimètres de diamètre, mais les plus grandes peuvent atteindre 2 m.

▽ La guêpe de mer est une méduse australienne qui étourdit sa proie avec ses tentacules venimeux avant de l'amener à sa bouche.

▽ La physalie a une poche d'air qui lui permet de rester à la surface de l'eau. En flottant, elle laisse traîner ses tentacules, qui peuvent faire plusieurs mètres de long, pour capturer des poissons.

Infos

- Beaucoup d'humains sont morts à cause d'une piqûre de guêpe de mer.
- Les méduses sont des invertébrés : elles n'ont pas d'os.
- La plus grande méduse mesurée avait des tentacules de 36,50 m.

△ Certaines méduses se laissent porter par les courants marins. D'autres sont capables de se propulser rapidement en bougeant leurs plis comme si c'était des ailes.

En savoir plus

Corail

Crevette

Poisson des abysses

Migration

Beaucoup d'animaux se déplacent pour trouver de meilleures conditions de vie. Certains parcourent de petites distances, tandis que d'autres traversent la Terre de part en part. Ces voyages réguliers d'un endroit à l'autre s'appellent des migrations.

▷ L'automne, on peut voir les formations en «V» des oies qui migrent. Si tu en vois, note la date et leur direction. Au printemps, tu pourras guetter leur retour.

▷ La Terre est traversée par toutes les voies de migration des animaux. Les flèches de couleur t'indiquent les migrations des quatre espèces présentées ici.

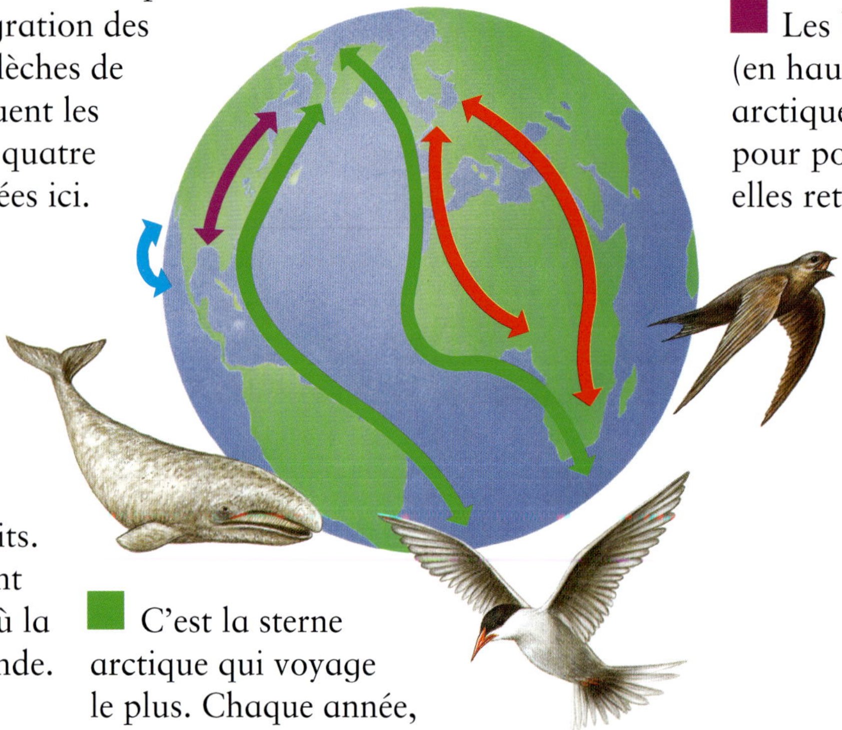

■ Les bernaches du Canada (en haut) gagnent le cercle arctique au printemps pour pondre. À l'automne, elles retournent vers le sud.

■ En hiver, les baleines grises vivent sur les côtes de Californie, où naissent les petits. En été, elles vont vers l'Alaska où la nourriture abonde.

■ Les martinets noirs passent l'été en Europe à s'occuper de leurs petits. Ils retournent en Afrique l'hiver.

■ C'est la sterne arctique qui voyage le plus. Chaque année, elle fait l'aller-retour entre les deux pôles.

◁ Beaucoup d'herbivores africains migrent à la recherche de nourriture. Ces gnous se déplacent en suivant les pluies.

En savoir plus

- Baleine
- Martinet et hirondelle
- Renne
- Sterne arctique

Moineau

Les moineaux sont de petits oiseaux qui mangent des graines. Il en existe 50 espèces répandues partout dans le monde. Le moineau domestique vit en Amérique du Nord et en Europe, surtout dans les villes.

Moineau domestique femelle

Moineau domestique mâle

△ Les moineaux domestiques vivent en petits groupes près des maisons. Ils gazouillent beaucoup et se battent souvent entre eux.

△ **1** Fais un gâteau pour les moineaux qui vivent près de chez toi. Fais fondre du beurre près d'un radiateur. Puis mélange-le avec des graines, des miettes de pain, des fruits et des céréales. Verse cette pâte dans des pots de yaourt vides.

▷ Le moineau chanteur d'Amérique du Nord a un chant très mélodieux. Les jeunes apprennent à chanter en automne pour être prêts au printemps.

▽ **2** Quand le beurre a durci, démoule les gâteaux et pose-les sur un bord de fenêtre.

En savoir plus

Habitat

Martinet et hirondelle

Nourriture

Oiseau

Pigeon

Morse

Les morses sont des mammifères marins qui vivent dans l'Arctique. Les mâles et les femelles ont deux longues défenses blanches en ivoire. Ils ont une épaisse couche de graisse sous la peau qui les protège du froid polaire.

△ Les morses aiment s'étendre au soleil avant de retourner dans l'eau glacée de l'Arctique. Ils forment de grandes colonies sur les plages. Par le passé, beaucoup de morses ont été tués pour leur viande, leur graisse ou leurs défenses. Aujourd'hui c'est une espèce protégée, dont le nombre d'individus augmente.

△ Comme les otaries, les morses se déplacent à terre sur leurs nageoires repliées.

▷ Les défenses de morse font plus de 10 cm de long. Les mâles les utilisent pour se défendre et dans les combats pour la conquête des femelles. Les défenses sont aussi très pratiques pour se hisser sur la banquise et pour dénicher des mollusques cachés.

En savoir plus

Baleine

Dauphin

Phoque et otarie

Sirénien

Mouche

Il existe de nombreuses sortes de mouches, partout dans le monde. Au contraire des autres insectes, elles n'ont qu'une paire d'ailes pour voler. Certaines mouches transmettent des maladies mortelles mais beaucoup sont utiles pour les plantes car elles répandent le pollen d'une fleur à l'autre.

△ La mouche tsé-tsé est une mouche africaine qui véhicule la maladie du sommeil. Elle transmet le virus aux humains et au bétail lorsqu'elle les pique pour se nourrir de leur sang.

Infos

- Les mouches domestiques battent des ailes 200 fois par seconde, ce qui fait le bourdonnement.
- Pour les moucherons, c'est 1 000 fois par seconde.

△ Malgré ses rayures, cet insecte n'est pas une guêpe mais bien une mouche, le syrphe. Les syrphes adorent les fleurs, dont ils boivent le nectar.

▽ Les scatophagidés pondent leurs œufs dans les excréments d'animaux. Les larves, une fois écloses, peuvent ainsi se nourrir de ces excréments.

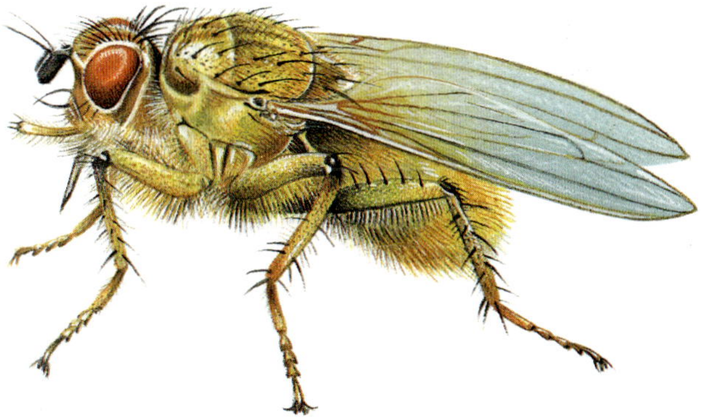

◁ Les mouches bleues (à gauche) et les mouches domestiques mangent toutes sortes d'aliments. Elles ont des capteurs de goût au bout des pattes qui leur signalent ce qui est comestible.

En savoir plus

Abeille et guêpe
Fourmi et termite
Insecte
Scarabée

Mouette

Les mouettes sont de grands oiseaux marins aux pieds palmés. Il en existe plus de 40 espèces vivant sur toutes les côtes du monde. On voit aussi parfois des mouettes plus loin dans les terres, à la campagne et dans les villes.

△ Les mouettes mangent des tas de choses : vers, œufs, poissons, insectes. Elles fouillent même parfois dans les décharges.

▽ Les bébés mouettes sont couverts de petites plumes douces, le duvet. Leurs parents les nourrissent jusqu'à ce qu'ils aient de vraies plumes pour voler.

▽ Les mouettes volent très bien, elles planent et glissent sur le vent. Elles nichent souvent dans les falaises en grandes colonies très bruyantes.

▽ Les parents doivent souvent repousser les attaques d'autres oiseaux, comme ce petit goéland brun, qui tente de manger leurs œufs et leurs oisillons.

En savoir plus

Albatros
Canard et oie
Macareux
Oiseau
Oiseau marin

Moufette

Les moufettes vivent dans les forêts d'Amérique. Elles ont une queue touffue et une fourrure noire et blanche. Elles sont connues pour l'odeur qu'elles dégagent pour se défendre.

△ Les moufettes ont à peu près la taille d'un chat et pèsent 3 kg. Elles restent dans leur terrier pendant la journée et sortent le soir pour se nourrir de plantes, d'œufs d'oiseaux, d'insectes et de petits mammifères.

△ Les moufettes ont en général trois bébés au printemps. Les petits naissent aveugles et ne sortent pas du terrier avant 6 semaines. Quand ils sont grands, ils quittent leurs parents.

▽ Les moufettes ont une manière spéciale d'éloigner les prédateurs comme les lynx. D'abord elles frappent le sol de leurs pattes. Puis elles se retournent et se dressent sur leurs pattes avant pour montrer leur derrière !

Infos

- La moufette rayée est la plus commune.
- Les deux autres espèces de moufettes sont la moufette à nez de cochon et la spilogale.
- Les moufettes peuvent empuantir leur adversaire à 4 m.

▷ Si l'attaquant insiste, la moufette projette un jet de liquide par des glandes situées près de la queue. L'odeur est si atroce que peu de prédateurs s'entêtent !

En savoir plus
Blaireau
Loutre
Mustélidé

Mouton

Les moutons sont originaires du Moyen-Orient, et ils sont domestiqués depuis plus de 7 000 ans. On les élève pour leur laine, leur viande et leur peau. Les moutons femelles sont des brebis, les mâles, des béliers, et les bébés, des agneaux.

△ Les brebis domestiques ont deux ou trois agneaux. Certains sont parfois très faibles et doivent être nourris à la main. Les moutons sauvages n'ont qu'un agneau à la fois.

◁ De nos jours, il y a environ 700 millions de moutons domestiques. Il en existe plus de 800 espèces, chacune est adaptée à son climat et produit un certain type de laine.

▷ Les moutons sauvages ont une toison très épaisse qui les protège du froid des montagnes. En hiver, ils ont une sous-couche de poils, qu'ils perdent au printemps. Les moutons domestiques sont tondus avant de perdre ces poils.

En savoir plus

Chèvre
Cochon
Mammifère
Vache et taureau

Mustélidé

Les hermines, les belettes, les putois, les visons et les furets sont des mustélidés. Ce sont des petits prédateurs féroces au corps fin et long qui vivent sur tous les continents sauf l'Océanie.

▷ Les putois vivent dans les forêts d'Europe, d'Asie et d'Amérique du Nord. Ils sont domestiqués depuis 2 000 ans. Les furets sont parfois des animaux de compagnie.

△ Les hermines et les belettes chassent des souris, des rats et d'autres petits rongeurs. Les belettes sont si fines qu'elles peuvent entrer dans les terriers de leurs proies. Elles mangent aussi des poissons et des œufs d'oiseaux. Les hermines sont plus grandes que les belettes. Dans le nord, en hiver, elles deviennent blanches.

▽ Les visons sont plus petits et trapus que les putois. On les a beaucoup chassés et élevés pour leur fourrure.

Infos

- Les belettes peuvent tuer des animaux beaucoup plus gros qu'elles.
- Le glouton est le plus grand des mustélidés : il peut mesurer 1,15 m.
- Tous les mustélidés ont des glandes pour marquer leur territoire.

En savoir plus

Blaireau
Loutre
Moufette
Raton laveur

Nourriture

Les animaux qui mangent des plantes sont des herbivores, ceux qui mangent de la viande sont des carnivores. Des êtres vivants qui se mangent les uns les autres forment une chaîne alimentaire.

◁ **1** Fais un mobile pour voir ce qu'est une chaîne alimentaire. Découpe dans du carton une chouette, une souris et une graine.

▷ **2** La chouette mange la souris, qui mange la graine. Donc accroche la graine avec une ficelle dans la souris, puis la souris dans la chouette.

△ Ce puma a tué un cerf. Quand il aura fini son repas, les restes serviront de nourriture aux vautours, aux corbeaux, aux coyotes et aux vers.

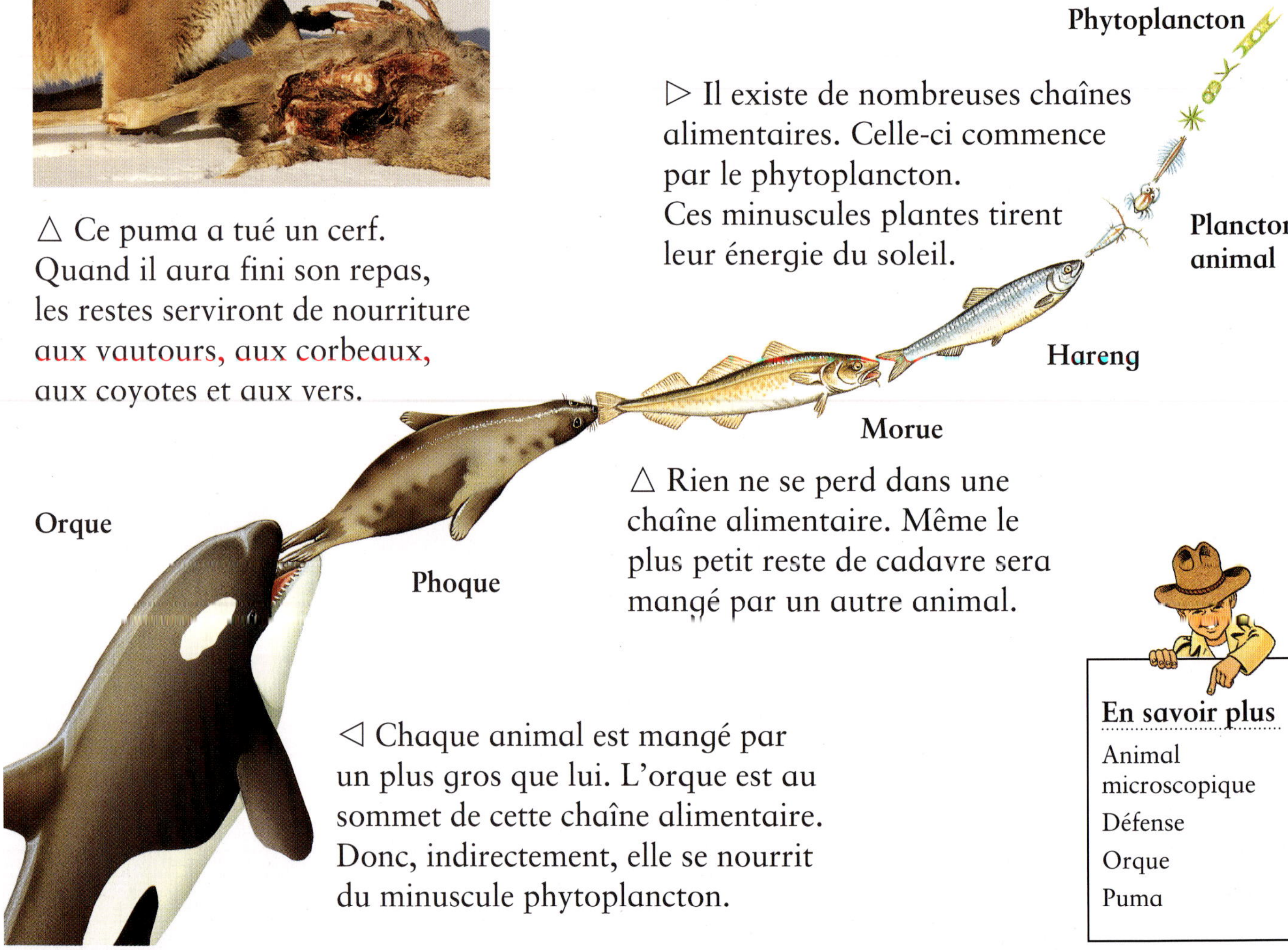

▷ Il existe de nombreuses chaînes alimentaires. Celle-ci commence par le phytoplancton. Ces minuscules plantes tirent leur énergie du soleil.

△ Rien ne se perd dans une chaîne alimentaire. Même le plus petit reste de cadavre sera mangé par un autre animal.

◁ Chaque animal est mangé par un plus gros que lui. L'orque est au sommet de cette chaîne alimentaire. Donc, indirectement, elle se nourrit du minuscule phytoplancton.

En savoir plus

Animal microscopique

Défense

Orque

Puma

Oiseau

Il existe 10 000 espèces d'oiseaux réparties sur toute la surface du globe. Ce sont les seuls animaux à avoir des plumes et des ailes, mais certains ne peuvent pas voler. Tous les oiseaux pondent des œufs.

◁ La plupart des oiseaux, comme cette pie, ont un squelette très léger, une cage thoracique développée, un bec dur et des yeux placés sur les côtés de la tête. Presque tous les oiseaux émettent des sons pour communiquer entre eux.

▷ Les oiseaux ont évolué en fonction de leur milieu et de leur nourriture. Les oiseaux de proie, comme cet épervier, ont une vue perçante, des serres puissants et un bec crochu pour attraper les petits animaux dissimulés dans l'herbe.

▽ Les oiseaux ont souvent un plumage terne qui leur permet de se camoufler. Mais certains, comme ces mâles tropicaux, sont très colorés, afin d'attirer les femelles.

△ De nombreux oiseaux vivent sur l'eau ou près de l'eau. Le jacana a des doigts très longs qui lui permettent de marcher sur les feuilles flottantes. Chose étonnante pour un oiseau, c'est le mâle jacana et non la femelle qui s'occupe des œufs.

En savoir plus

Aigle

Autruche, émeu et casoar

Manchot

Perroquet

Oiseau marin

Certains oiseaux passent toute leur vie près de la mer, mangeant des poissons et nichant sur les falaises et les plages. Ces oiseaux sont bien adaptés à l'eau : ils ont des pattes palmées pour nager, un bec pointu pour « pêcher» et des plumes imperméables.

◁ **1** Les oiseaux marins doivent avoir des plumes imperméables pour rester secs et ne pas couler. Projette de l'eau sur une plume d'oiseau marin et tu verras comment l'eau glisse sur la plume huilée.

△ Les fous de Bassan sont de grands oiseaux marins blancs au bout des ailes noir. Ils survolent la surface de l'eau à la recherche de bancs de poissons. Puis ils plongent profondément dans l'eau.

▷ **2** Regarde la plume avec une loupe. Vois-tu comment les barbes sont liées les unes aux autres ? Elles forment une surface plate appelée vexille.

◁ Certains oiseaux marins, comme les mouettes ou les skuas, ne s'éloignent jamais des côtes. D'autres, commes les albatros et les pétrels, vivent en haute mer. Mais tous doivent regagner le sol pour nicher. Les œufs de guillemot ont une extrémité pointue pour rouler sur eux-mêmes au lieu de dévaler les falaises.

En savoir plus

Albatros
Macareux
Manchot
Mouette
Oiseau
Pélican
Poisson

Orang-outan

Le mot orang-outan signifie « homme des bois » en malais. Et il est vrai que ce grand singe ressemble un peu à un vieil homme très poilu. Les orangs-outans vivent en Asie du Sud-Est.

Infos

- Un orang-outan mâle peut mesurer 1,50 m et peser 90 kg.
- En liberté, un orang-outan peut vivre 35 ans.
- Quand il pleut, les orangs-outans prennent une grande feuille comme parapluie.

▷ Les bébés orangs-outans sont élevés par leur mère. Ils ne la quittent que vers l'âge de 5 ans.

△ Les orangs-outans se font rares car les forêts où ils vivent sont détruites. Mais aussi parce que certains trouvent que les bébés orangs-outans sont de mignons animaux de compagnie et les enlèvent à la vie sauvage. Des mères sont souvent tuées en défendant leurs petits.

▽ Les orangs-outans ont de longs bras puissants. Le matin et le soir, ils se balancent tranquillement de branche en branche à la recherche de figues sauvages, leur mets favori. La nuit, ils dorment sur des plates-formes faites de branchages.

En savoir plus

Babouin
Chimpanzé
Gorille
Singe

Ornithorynque

L'ornithorynque est un animal étrange. Il a une queue de castor, un bec de canard et des pattes palmées. C'est un mammifère qui nourrit ses petits avec son lait mais pond des œufs comme les reptiles. Il fait partie d'un petit groupe d'animaux, les monotrèmes.

△ L'ornithorynque vit en Australie et en Tasmanie. Comme les loutres, il vit dans un terrier et chasse dans l'eau.

◁ La fourrure de l'ornithorynque est semblable à celle de la loutre. Même sa queue est poilue. Pour nager, il bat des pattes avant et utilise ses pattes arrière et sa queue comme gouvernail. Son bec très sensible lui permet de trouver des proies dans les eaux boueuses des rivières et des lacs où il vit. Les ornithorynques chassent des écrevisses, des crevettes, des vers, des grenouilles et des petits poissons. Ce sont des animaux voraces qui mangent leur propre poids de nourriture chaque jour.

Infos

- Les seuls autres monotrèmes sont les échidnés, des mangeurs de fourmis australiens.
- L'ornithorynque mesure 60 cm de long.
- Adulte, l'ornithorynque vit tout seul dans son terrier.

▷ Avant de pondre, la femelle ornithorynque fait un nid au fond de son terrier. Elle y pond deux ou trois œufs puis ferme l'entrée du tunnel afin d'empêcher les prédateurs d'entrer.

En savoir plus

Castor
Crevette
Loutre

Orque

Les orques sont les plus grands des dauphins. Ce sont de redoutables prédatrices, elles ont une mâchoire très puissante et peuvent atteindre 10 m de long. Les orques mangent des poissons, des phoques, d'autres dauphins et même parfois des baleines.

△ Les orques nagent très rapidement. Elles ont des nageoires arrondies et une queue puissante. Elles peuvent atteindre la vitesse de 55 km/h et sauter très haut au-dessus de l'eau. Les orques vivent dans tous les océans, près des pôles.

▽ Les orques repèrent leurs proies en émettant des petits cliquetis dont elles guettent l'écho. Elles vivent en bandes familiales. Une bande comprend généralement une dizaine de membres mais il peut y en avoir jusqu'à 100. Comme tous les dauphins, les orques sont des mammifères et allaitent leurs petits.

Infos

- Les orques se jettent parfois sur le rivage pour attraper les phoques qui sont au bord de l'eau.
- On a pêché une orque dans la mer de Béring qui avait 32 phoques dans son estomac.
- Aucune orque n'a jamais tué, ni même attaqué un humain.

En savoir plus

Baleine
Dauphin
Raie
Requin

Oryctérope

L'oryctérope est un mammifère d'Afrique qui mange des termites et des fourmis. Son ouïe est si fine qu'il peut détecter les insectes se déplaçant dans le sol.

◁ L'oryctérope détruit les termitières pour en faire sortir les insectes. Quand les galeries sont en surface, il promène sa langue un peu partout pour attraper les termites.

◁ Le nom de l'oryctérope vient du grec *oruktêr,* qui signifie « fouisseur ». L'oryctérope a la taille d'un cochon, mais ses oreilles et son museau sont beaucoup plus grands.

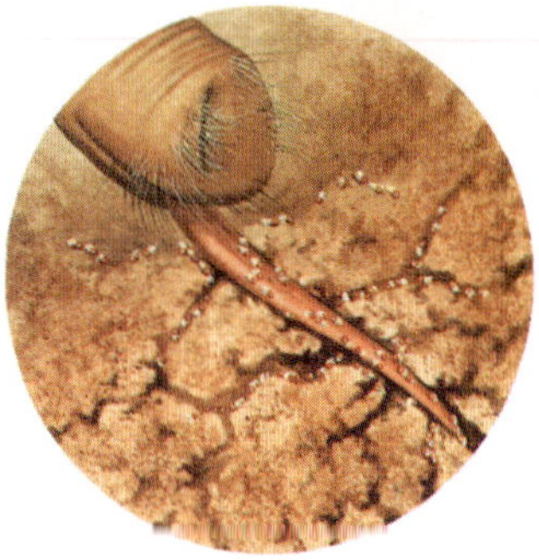

◁ Dans le grand museau de l'oryctérope se cache une langue collante de 30 cm de long, parfaite pour s'infiltrer dans les galeries pleines d'insectes.

◁ Les oryctéropes vivent sous terre, dans des terriers. S'ils sont menacés par un lion, ils creusent le sol avec leurs puissantes griffes et font un grand trou pour s'y cacher.

En savoir plus
Fourmi et termite
Fourmilier

Ours

L'ours est le plus grand des animaux carnivores terrestres. Il existe de nombreuses espèces d'ours. La plupart vivent dans des régions froides où leur épaisse fourrure les protège efficacement.

△ La plupart des ours sont des animaux puissants dotés de grandes griffes et d'un bon odorat. L'ours kodiak d'Alaska est le plus gros de tous. Il pèse près de 800 kg et peut mesurer 4 m de haut quand il est debout.

◁ Certaines races d'ours hibernent en hiver. L'hibernation est un long sommeil profond qui peut durer plusieurs semaines. Les fonctions du corps sont ralenties afin d'économiser l'énergie.

◁ À l'automne, les ours noirs d'Amérique pêchent des saumons et mangent des baies et du miel. Ils ont besoin d'une nourriture riche pour prendre du poids avant l'hibernation.

En savoir plus
- Mammifère
- Ours polaire
- Raton laveur

Ours polaire

Les ours polaires vivent en bordure de l'Arctique. Leur fourrure blanche les rend presque invisibles sur la neige. Ils se nourrissent essentiellement de phoques mais mangent aussi des poissons, des oies et des canards. Ce sont les seuls ours de l'hémisphère Nord qui n'hibernent pas.

△ Les ours polaires ont une fourrure très dense et une épaisse couche de graisse qui les protègent d'un froid pouvant atteindre – 30°.

◁ Les ours polaires sont de bons nageurs, ce qui est indispensable pour se déplacer entre les blocs de banquise. On en voit souvent nager dans la mer à des kilomètres du moindre bloc de glace. Leurs grosses pattes poilues sont de bonnes rames.

△ Les ours polaires guettent souvent près des trous de phoque. Quand un phoque remonte à la surface pour respirer, l'ours l'attrape avec ses grosses pattes et le mange.

Infos

- Les ours polaires mâles pèsent 800 kg.
- Les bébés ours polaires naissent en décembre dans des tanières où ils restent avec leur mère jusqu'au printemps.

◁ Les ours polaires vivent seuls et ne se rencontrent que lorsqu'ils descendent au sud des régions polaires à la saison des amours.

En savoir plus

Manchot
Ours
Phoque et otarie

Panda

Le panda géant est une espèce d'ours qu'on trouve dans les grandes forêts de bambous des montagnes du centre de la Chine. Il ne reste plus que 1 500 pandas géants en liberté. Et il y en a une centaine dans les zoos.

▽ Les pandas ont un ou deux petits à la fois. À sa naissance, le bébé pèse 100 grammes. Au début, la mère le garde sur sa poitrine. Mais il grossit rapidement et commence à ramper au bout de 10 semaines.

△ Le panda géant ne mange pratiquement que du bambou. Pour saisir plus facilement les tiges, ses pattes avant ont un sixième doigt qui fonctionne comme un pouce. Les pandas géants sont en voie de disparition car leurs forêts ont été abattues et on les a beaucoup chassés pour leur fourrure.

▷ Le petit panda ressemble beaucoup au raton laveur. Il vit au Népal et en Chine dans les forêts montagneuses de l'Himalaya. Il se nourrit la nuit de racines, de fruits et de pousses de bambou.

En savoir plus
- Mammifère
- Ours
- Ours polaire
- Raton laveur

Panthère

Les panthères sont les plus répandues des grands félins. Elles vivent dans les forêts, les déserts, les montagnes et les plaines herbeuses d'Asie et d'Afrique. Mais elles ont été chassées pour leur magnifique fourrure et deviennent de plus en plus rares.

△ Les panthères vivent seules, les mâles et les femelles ne se rencontrant que pour se reproduire. Les femelles ont généralement deux petits. Elles les portent dans leur gueule en les tenant par la peau du cou.

▷ Les panthères sont très fortes et sont de bonnes grimpeuses. Elles peuvent hisser leur proie sur un arbre pour éviter que les charognards ne la mangent. Elles chassent des antilopes, des cochons et des singes.

◁ Les panthères nagent très bien et adorent jouer et chasser dans l'eau. En Afrique, mais surtout en Inde et à Java, on trouve des panthères noires. Ce sont des panthères normales qui ont un défaut dans leur pigmentation.

En savoir plus

Guépard
Lion
Mammifère
Tigre

Paon et faisan

Le paon est l'un des plus beaux oiseaux du monde. Il vient d'Asie, mais depuis des milliers d'années on le trouve dans les parcs et les jardins, où il est élevé pour ses plumes somptueuses. Son cri est perçant, il mange des escargots, des grenouilles, des insectes et des plantes.

▽ Les plumes de la queue du mâle sont d'un vert et d'un bleu brillants avec des motifs ressemblant à des yeux. Pour attirer les femelles, ils déploient leur queue et la font vibrer.

▽ Les femelles ont une queue courte et leurs plumes sont bien plus ternes que celles du mâle.

Infos

- C'est le paon qui a la plus longue queue de plumes : 1,50 m.
- En 1936, en Afrique, débuta la chasse au paon du Congo : on avait trouvé une plume de sa queue. L'oiseau lui-même ne fut découvert que 23 ans plus tard.

▽ Les faisans sont de la même famille que les paons. Les mâles ont aussi une grande queue décorative et des plumes aux motifs colorés. Ils viennent d'Asie du Sud-Est et ont été introduits dans de nombreux pays pour la chasse.

En savoir plus

Oiseau

Poule, coq et dindon

Papillon et phalène

On trouve ces insectes volants partout dans le monde, surtout dans les régions chaudes. La plupart des papillons sont colorés et vivent le jour, alors que les phalènes vivent la nuit et ont des couleurs ternes.

△ Le machaon est un grand papillon pouvant atteindre 9 cm d'envergure. Sa chenille, très grosse, vit sur les carottes.

△ **1** La femelle papillon pond des œufs dont sortent des chenilles. **2, 3** La chenille mange des feuilles et grossit rapidement. Puis elle se tisse une enveloppe protectrice, le cocon. **4** La métamorphose se produit dans le cocon, dont sortira bientôt un papillon.

▽ Le sphinx tête-de-mort doit son nom au motif en forme de crâne qui orne son dos.

◁ Découvre par toi-même comment une chenille devient papillon. Ramasse des chenilles avec les branches sur lesquelles elles se trouvent et mets-les dans un grand pot en verre. Fixe un filet sur le dessus avec un élastique. Mets des feuilles fraîches chaque jour dans le pot. Observe bien et tu verras la métamorphose se produire.

En savoir plus

Abeille et guêpe
Criquet, grillon et sauterelle
Insecte
Reproduction

Paresseux

Il suffit d'observer un paresseux pour comprendre d'où vient son nom. Ces animaux passent leur vie suspendus aux arbres par leurs grosses griffes en ne faisant presque aucun mouvement.

Infos

- Les paresseux vivent dans les forêts d'Amérique du Sud.
- Toutes les deux ou trois semaines, ils descendent des arbres pour faire leurs besoins.
- Les paresseux peuvent dormir suspendus aux arbres.

▽ Les femelles donnent naissance à un seul petit. Elles le portent sur leur ventre pendant cinq semaines. Le bébé paresseux se maintient en s'accrochant aux poils de sa mère.

△ Les paresseux se nourrissent la nuit. Certaines espèces ont une algue qui vit dans leur toison. Cette algue leur donne une couleur verdâtre qui les camoufle au milieu des arbres.

△ Les paresseux se déplacent lentement au sol mais sont de bons nageurs. Ils peuvent traverser de larges fleuves et des marais pour trouver de nouveaux arbres.

En savoir plus

Camouflage
Mammifère
Singe

Pélican

Le bec du pélican est pourvu d'une poche pouvant contenir jusqu'à trois fois le volume de son estomac. Il s'en sert comme d'un filet pour pêcher le poisson dans l'eau.

▷ Le pélican brun d'Amérique chasse en plongeant. Il vole au-dessus de l'eau pour repérer ses proies puis, quand des poissons s'approchent de la surface, il plonge en piqué, raflant plusieurs poissons à la fois.

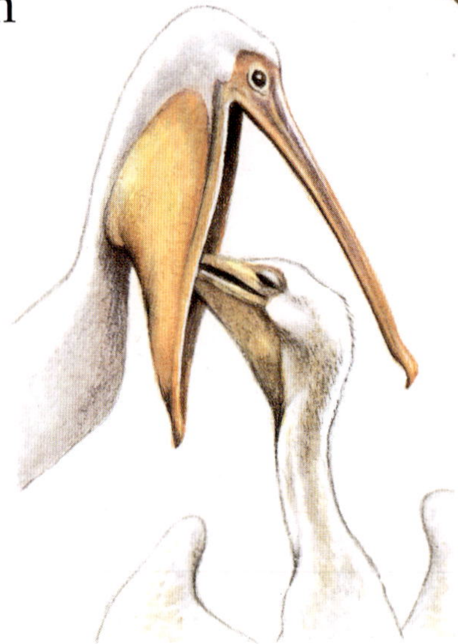

▷ Les pélicans rapportent du poisson en le stockant dans leur gosier. Les petits picorent la nourriture directement dans le gosier.

◁ Le pélican blanc d'Amérique pratique le travail en équipe. Un groupe entraîne les poissons dans des eaux peu profondes en agitant pattes et becs. Quand les poissons sont piégés, les autres oiseaux les attrapent dans leurs poches.

En savoir plus

Flamant, héron et cigogne

Oiseau

Perroquet

On trouve des perroquets dans tous les pays tropicaux. Avec leur puissant bec crochu, ils cassent les noix et les graines. Ils ont deux paires de doigts à chaque patte pour saisir la nourriture et s'accrocher aux branches.

▷ Les aras macaos d'Amérique du Sud ont des couleurs éclatantes. Ces grands oiseaux bruyants poussent des cris perçants qu'on entend souvent dans la forêt tropicale.

△ Les cacatoès vivent en Australie. Le grand cacatoès à huppe jaune peut lever et baisser sa crête. Les cacatoès sont appréciés comme animaux de compagnie car ils peuvent dire quelques mots.

▷ Les inséparables sont des perruches aux vives couleurs qu'on trouve à Madagascar et en Afrique. Comme leur nom l'indique, ils vivent en couple, se tenant toujours côte à côte, tête contre tête.

En savoir plus

Colibri
Oiseau
Paon et faisan
Toucan

Petites bêtes

Beaucoup d'animaux sont si petits qu'on ne peut les voir qu'à la loupe. On pourrait les appeler des petites bêtes. Ce sont des invertébrés, ce qui signifie qu'ils n'ont pas de colonne vertébrale.

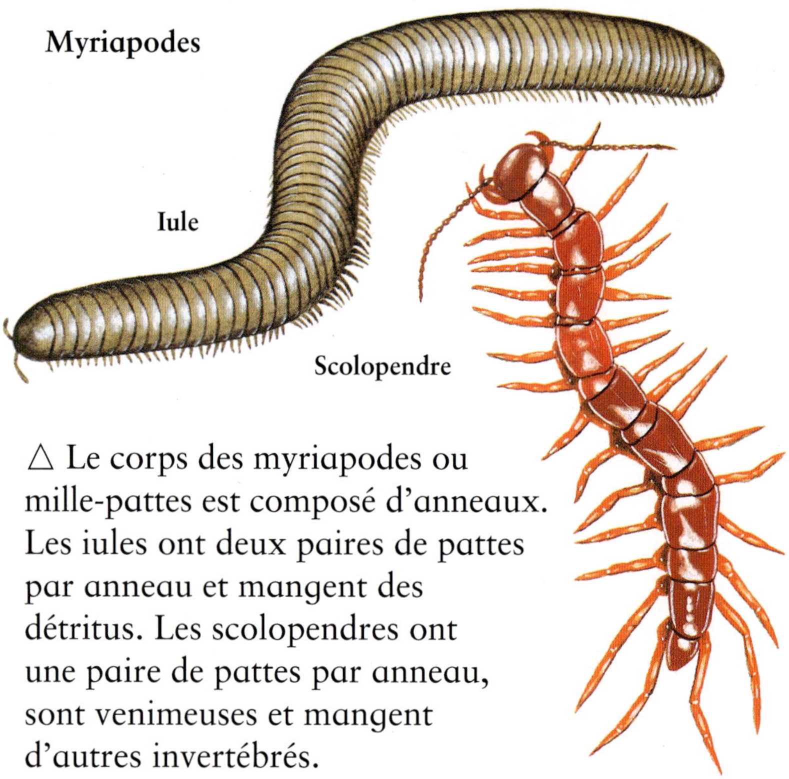

△ Le corps des myriapodes ou mille-pattes est composé d'anneaux. Les iules ont deux paires de pattes par anneau et mangent des détritus. Les scolopendres ont une paire de pattes par anneau, sont venimeuses et mangent d'autres invertébrés.

◁ Il existe toutes sortes de petites bêtes. Les araignées sont des arachnides et ont huit pattes.

▷ Le cloporte est le seul crustacé qui ne vit pas dans l'eau, mais sur terre.

◁ Les guêpes sont des insectes. Elles ont six pattes et un corps en trois parties.

▷ Les escargots sont des mollusques qui portent leur coquille sur le dos.

◁ Les vers de terre appartiennent au groupe des annélidés. Ils ont un corps long et mou divisé en nombreux segments.

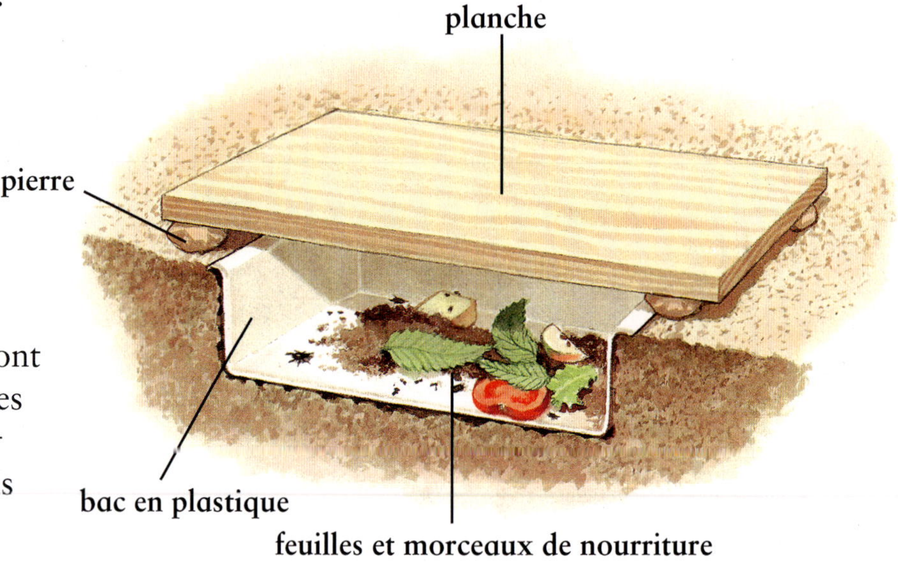

△ Si tu veux attraper des petites bêtes, tu peux faire un piège. Mets dans un trou un bac en plastique dans lequel tu placeras des feuilles et des morceaux de fruits. Couvre le bac avec une planche en bois surélevée par des pierres. Attends une nuit et compte les bêtes que tu as capturées.

En savoir plus

Abeille et guêpe

Araignée

Insecte

Limace et escargot

Ver

Phoque et otarie

Les phoques et les otaries sont de très bons nageurs. Ce sont des mammifères, ils doivent donc remonter à la surface pour respirer mais ils sont capables de plonger pendant 30 minutes. Ils mangent surtout du poisson.

▽ Les lions de mer, comme toutes les otaries, peuvent marcher sur leurs nageoires, alors que les phoques ne le peuvent pas. Les lions de mer mâles ont une sorte de crinière.

▽ Les phoques capturent leurs proies sous l'eau, puis remontent à la surface pour les manger.

◁ Les femelles phoques et otaries nourrissent leurs petits avec un lait très riche en graisse qui permet au bébé de grandir rapidement.

▽ Les mâles éléphants de mer sont les plus grands phoques du monde. Ils doivent leur nom à leur grand nez mou qui ressemble à une trompe.

Infos

- Le phoque du lac Baïkal est le seul à vivre en eau douce.
- Les colonies de lions de mer peuvent compter des dizaines de milliers d'individus.
- Les phoques moines sont une des rares espèces à vivre dans des eaux tropicales.

En savoir plus

Baleine
Dauphin
Mammifère
Orque

Pieuvre et calmar

La pieuvre est un animal marin. Elle a huit longs bras qu'on appelle des tentacules. Ces bras peuvent s'enrouler autour des choses et sont pourvus de ventouses. Le calmar est d'une espèce proche de la pieuvre, mais il a dix tentacules.

△ Les pieuvres peuvent mesurer jusqu'à 5,40 m de long et avoir une envergure de 9 m. Elles vivent dans les creux rocheux. Quand elles en sortent, elles sont parfois attaquées par des requins ou des murènes, comme celle-ci. Si une pieuvre est en danger, elle envoie un nuage d'encre qui la cache pendant sa fuite. Elle peut aussi ramper sur le sol ou se propulser en arrière en expulsant de l'eau par un trou de son corps.

◁ La taille des calmars varie de 1,50 cm à 20 m pour les plus grandes espèces. Deux de leurs dix bras sont particulièrement longs et ont des ventouses.

◁ Les pieuvres ne laissent aucune chance à leur proie – crabe, coquillage ou crustacé. Leurs tentacules enserrent la victime et l'attirent vers la bouche, sorte de bec caché sous les tentacules.

En savoir plus

Coquillage
Crabe
Étoile de mer
Homard et écrevisse

Pigeon et tourterelle

Les pigeons vivent dans les villes, les forêts et les prairies, partout dans le monde, sauf là où il fait froid. Il y en a de toutes sortes, des pigeons citadins aux chatoyants pigeons tropicaux. Les tourterelles font partie de la même famille, mais elles sont plus petites.

△ Les pigeons bisets ont été domestiqués au Proche-Orient il y a plus de 5 000 ans. On en trouve encore à l'état sauvage dans certaines régions. Les pigeons des villes sont leurs descendants.

Infos

• Le dodo de l'île Maurice, race aujourd'hui disparue, était une espèce de gros pigeon.

• Les pigeons blancs ou colombes sont le symbole de la paix. On les représente souvent avec un rameau d'olivier dans le bec.

◁ Les pigeons peuvent retrouver leur chemin même si on les lâche très loin. C'est pourquoi on utilisait autrefois des pigeons pour porter des messages. En 1150, le sultan de Bagdad organisa un service de poste avec des pigeons. De nos jours, on organise parfois des courses de pigeons sur des milliers de kilomètres.

▽ La plupart des pigeons font des nids peu soignés dans les arbres, où les femelles pondent un ou deux œufs. En ville, on trouve des nids sur les saillies des bâtiments.

En savoir plus

Chouette

Moineau

Oiseau

Protection

Sterne arctique

Poisson

Les poissons vivent dans les eaux douces ou salées du monde entier. Il en existe de toutes tailles et de toutes sortes, mais pratiquement tous ont des écailles et des nageoires.

◁ Les poissons ont besoin d'oxygène pour vivre. Mais au lieu d'aspirer l'air, ils prennent l'oxygène de l'eau. L'eau entre par la bouche et se répand dans les branchies. L'oxygène de l'eau est absorbé par des vaisseaux sanguins.

L'eau ressort.

L'eau entre.

▽ Les poissons nagent souvent en groupes, appelés « bancs », pour se protéger. Une multitude de poissons perturbe un prédateur en l'empêchant de se concentrer sur une seule proie.

▽ **1** Les écailles du poisson vont toutes dans la même direction afin qu'il puisse glisser dans l'eau. Pour le vérifier, colle des bandes de papier sur un dessin de poisson, en commençant par la queue.

1

2

△ **2** Maintenant, passe ta main sur les écailles en papier de la tête à la queue, puis de la queue à la tête, et tu sentiras la différence.

En savoir plus

Poisson des abysses

Poisson plat

Requin

Poisson des abysses

Au fond de la mer, il fait froid et sombre. La nourriture est rare et les poissons qui vivent là se mangent les uns les autres ou se nourrissent de poisson mort. Ils sont plutôt petits, souvent pourvus d'une mâchoire énorme et d'un estomac extensible pour avaler tout ce qui se présente.

Infos

- Le tripodin guette sa proie, posé sur trois fines nageoires.
- En cas de danger, certains poissons abyssaux émettent des éclairs lumineux.
- Les poissons des profondeurs sont souvent aveugles.

▽ Comme beaucoup de poissons des grandes profondeurs, la baudroie abyssale produit sa propre lumière. La femelle a une sorte de lampe qui se balance devant sa bouche pour attirer des proies. Le mâle n'a pas de leurre et compte sur la femelle pour le nourrir. Il la mord et boit son sang.

▷ Le grandgousier peut se déboîter la mâchoire entièrement pour avaler des poissons plus gros que lui. Il a aussi un estomac extensible, afin de faire face au plus gros des repas.

▽ Les vers géants ou riftia vivent dans les eaux brûlantes jaillissant des cheminées volcaniques du fond de l'océan. Ils mangent des bactéries qui se nourrissent du soufre issu des cheminées.

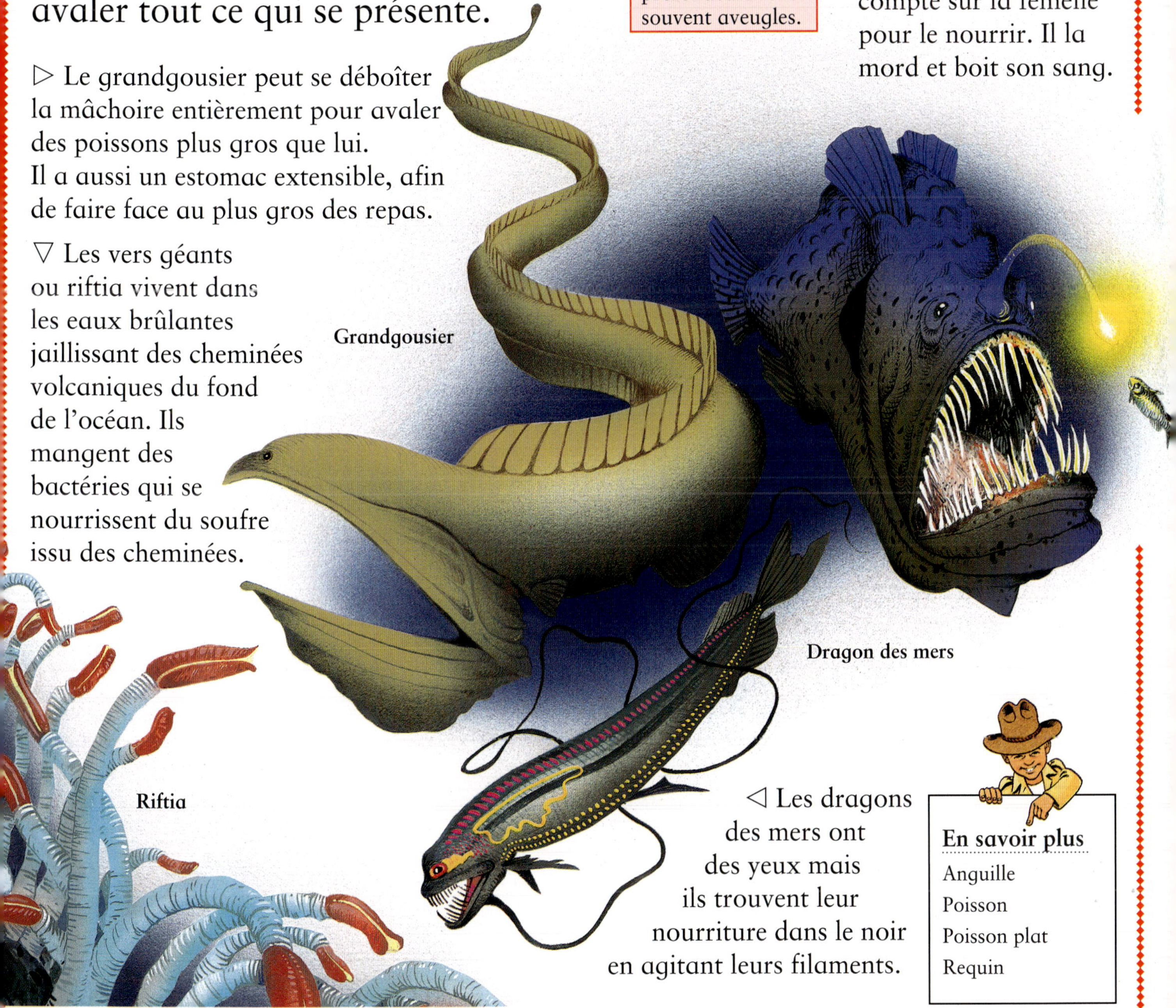

◁ Les dragons des mers ont des yeux mais ils trouvent leur nourriture dans le noir en agitant leurs filaments.

En savoir plus

Anguille
Poisson
Poisson plat
Requin

Poisson-épée

Certains poissons ont une mâchoire supérieure allongée en forme de bec. Les principaux poissons-épées sont l'espadon, le marlin et le voilier. Ces poissons rapides et puissants vivent dans les eaux chaudes des océans Indien, Atlantique et Pacifique.

▽ Les voiliers peuvent peser 90 kg et mesurer 3 m de long. Pour rattraper un banc de poissons, ils sautent parfois hors de l'eau.

Infos

- Les espadons et les marlins peuvent nager à 100 km/h. Ils comptent parmi les poissons les plus rapides du monde.
- Le plus gros marlin peut peser 700 kg.

△ L'espadon a un corps fuselé et une queue puissante qui en font un nageur très rapide. Il utilise son long bec pour assommer ses proies.

◁ Les marlins sont puissants et téméraires et chassent souvent pour le plaisir. Ils tentent même parfois d'éperonner les bateaux de pêche.

En savoir plus
Baleine
Poisson
Poisson des abysses
Requin

Poisson des abysses

Au fond de la mer, il fait froid et sombre. La nourriture est rare et les poissons qui vivent là se mangent les uns les autres ou se nourrissent de poisson mort. Ils sont plutôt petits, souvent pourvus d'une mâchoire énorme et d'un estomac extensible pour avaler tout ce qui se présente.

Infos

- Le tripodin guette sa proie, posé sur trois fines nageoires.
- En cas de danger, certains poissons abyssaux émettent des éclairs lumineux.
- Les poissons des profondeurs sont souvent aveugles.

▽ Comme beaucoup de poissons des grandes profondeurs, la baudroie abyssale produit sa propre lumière. La femelle a une sorte de lampe qui se balance devant sa bouche pour attirer des proies. Le mâle n'a pas de leurre et compte sur la femelle pour le nourrir. Il la mord et boit son sang.

▷ Le grandgousier peut se déboîter la mâchoire entièrement pour avaler des poissons plus gros que lui. Il a aussi un estomac extensible, afin de faire face au plus gros des repas.

▽ Les vers géants ou riftia vivent dans les eaux brûlantes jaillissant des cheminées volcaniques du fond de l'océan. Ils mangent des bactéries qui se nourrissent du soufre issu des cheminées.

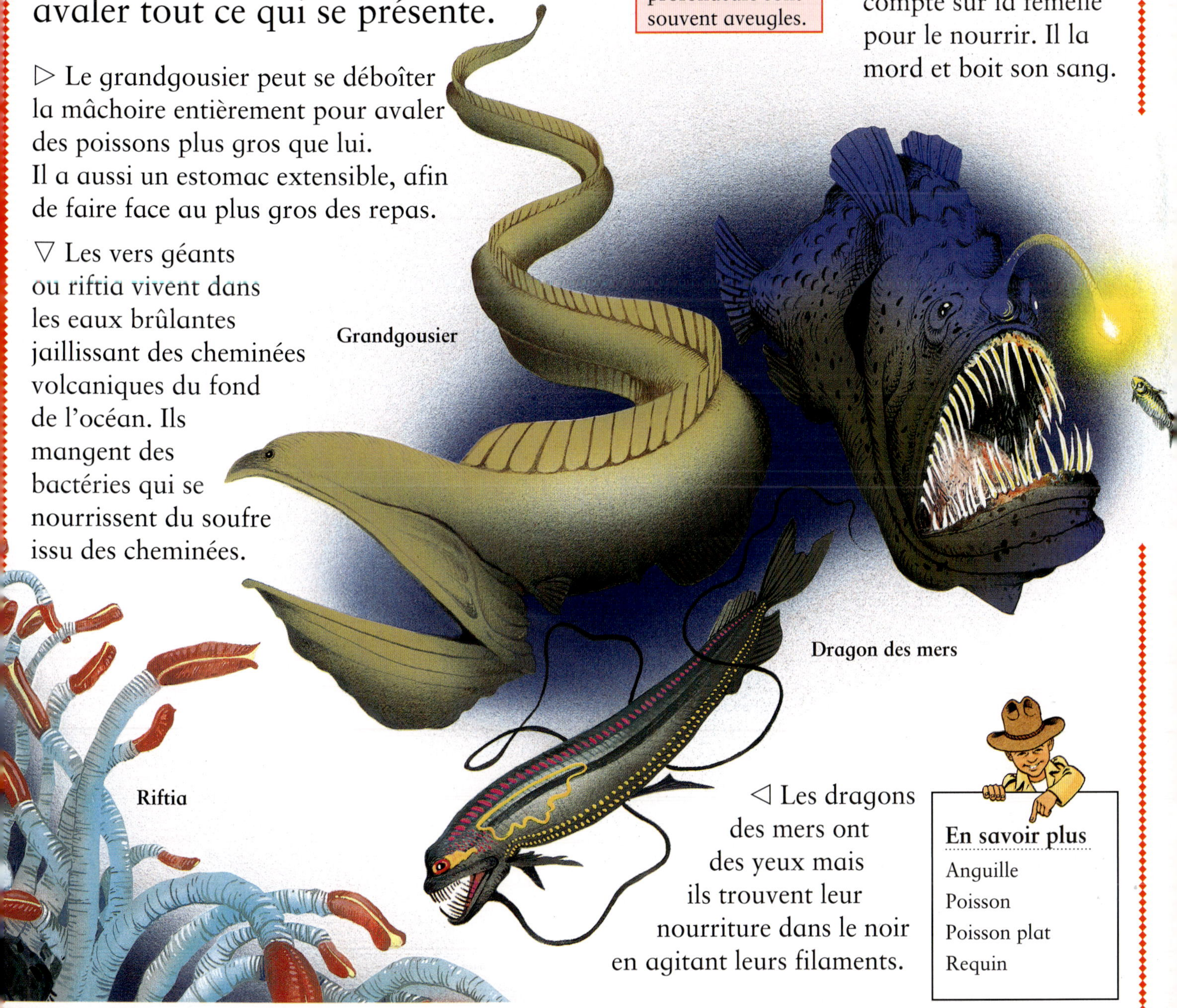

◁ Les dragons des mers ont des yeux mais ils trouvent leur nourriture dans le noir en agitant leurs filaments.

En savoir plus

Anguille
Poisson
Poisson plat
Requin

Poisson-épée

Certains poissons ont une mâchoire supérieure allongée en forme de bec. Les principaux poissons-épées sont l'espadon, le marlin et le voilier. Ces poissons rapides et puissants vivent dans les eaux chaudes des océans Indien, Atlantique et Pacifique.

▽ Les voiliers peuvent peser 90 kg et mesurer 3 m de long. Pour rattraper un banc de poissons, ils sautent parfois hors de l'eau.

Infos

- Les espadons et les marlins peuvent nager à 100 km/h. Ils comptent parmi les poissons les plus rapides du monde.
- Le plus gros marlin peut peser 700 kg.

△ L'espadon a un corps fuselé et une queue puissante qui en font un nageur très rapide. Il utilise son long bec pour assommer ses proies.

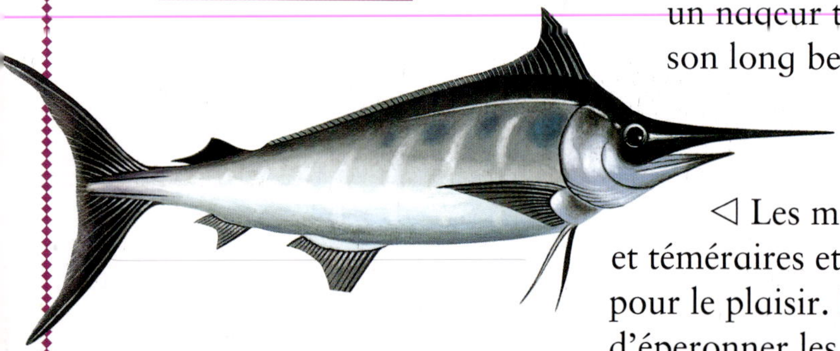

◁ Les marlins sont puissants et téméraires et chassent souvent pour le plaisir. Ils tentent même parfois d'éperonner les bateaux de pêche.

En savoir plus

Baleine

Poisson

Poisson des abysses

Requin

Poisson plat

Les poissons plats sont répandus dans toutes les mers du monde. On en trouve de toutes les tailles : des grands flétans aux petites races de soles. Ils se plaquent au fond de la mer et guettent les crustacés et les petits poissons.

△ Comme tous les poissons plats, les plies sont colorées au-dessus et blanches au-dessous. Elles ont les deux yeux placés sur la face supérieure.

Infos

- Les flétans peuvent faire 2 m de long et peser 325 kg.
- Certains poissons plats changent de couleur pour se confondre avec le fond de la mer quand ils guettent leurs proies.

▽ Les baudroies sont des poissons plats vivant sur les fonds marins. Elles sont couvertes d'épines et de bulles de peau qui les confondent avec les algues et les rochers. Comme les pêcheurs, elles leurrent les proies avec un hameçon : dès qu'il s'approche, le petit poisson est gobé.

△ Les jeunes poissons plats naissent avec un œil de chaque côté du corps. Quand ils grandissent, un de leurs yeux passe du même côté que l'autre. Leur corps s'aplatit et leur bouche passe du même côté que les yeux.

En savoir plus

Camouflage
Poisson
Poisson des abysses
Raie

Poisson rouge et carpe

Les carpes et les poissons rouges, originaires d'Asie, ont été importés en Europe. Ils ne sont pas de la même race mais sont très proches. Les carpes sont beaucoup plus grosses et plus ternes que les poissons rouges.

△ Les poissons rouges vivent aussi bien dans les étangs que dans les aquariums. Il en existe de toutes les formes et de toutes les couleurs.

△ **1** S'occuper de poissons rouges est très facile. Il te faut un aquarium et du gravier. Mets des plantes dans ton aquarium pour fournir plus d'oxygène aux poissons et des objets où ils pourront se cacher.

Carpe argentée

△ On a récemment introduit des carpes en Amérique. Elles sont utiles car elles mangent les algues. En Chine, on élève des carpes argentées pour les manger.

▷ **2** Remplis l'aquarium d'eau et mets-y doucement les poissons. Tu dois les nourrir tous les jours, nettoyer régulièrement l'aquarium et changer souvent l'eau.

En savoir plus

Anguille
Poisson
Poisson plat
Saumon et truite

Porc-épic

Les porcs-épics sont couverts de piquants et ressemblent beaucoup à des hérissons. Pourtant ils n'appartiennent pas à la même famille. Les porcs-épics sont des rongeurs et ont de grandes dents.

△ Quand un porc-épic est menacé, il dresse ses piquants et agite ceux de sa queue, qui font un cliquetis. Si cet avertissement est ignoré, le porc-épic attaque son agresseur et lui plante ses piquants dans la chair.

△ Les bébés porcs-épics naissent avec des piquants mous. Adultes, ils mesurent 90 cm de long.

▷ La plupart des porcs-épics ont de longs piquants, mais ceux du porc-épic nord-américain sont courts. Il vit surtout en forêt mais on peut le rencontrer dans des espaces plus dégagés. Le porc-épic nord-américain est arboricole et se nourrit de feuilles, de baies et d'écorce. Des arbres meurent souvent parce qu'il a mangé toute leur écorce.

En savoir plus
Castor
Hérisson
Rat

Poule, coq et dindon

On élève des poules, des coqs et des dindons dans des fermes partout à travers le monde. Ce sont les descendants d'oiseaux sauvages domestiqués il y a plus de 4 000 ans. Les poules et les dindons peuvent voler sur de courtes distances, mais ils préfèrent marcher ou courir.

△ Les poules et les coqs mangent des graines et des petits insectes. Ils picorent aussi le grain qu'on leur jette sur le sol. Dans certaines grandes fermes, les poules sont nourries avec des aliments spéciaux et gardées en cage.

△ Les coqs ont une grande crête sur la tête et une collerette de longues plumes autour du cou. Ils lancent souvent de puissants « cocorico », surtout à l'aube. Les poules sont plus petites et moins colorées que les mâles. On élève les poules pour leur viande et pour leurs œufs.

◁ Les dindons sont de gros oiseaux avec de la peau rouge autour du cou. Originaires d'Amérique du Nord et centrale, ils ont été importés en Europe par des explorateurs espagnols en 1519.

En savoir plus
Canard et oie
Cygne
Oiseau
Paon et faisan
Pigeon

Protection

De nombreuses espèces sont en voie d'extinction, c'est-à-dire qu'elles vont disparaître. Cela peut être dû à la destruction ou à la pollution de leur habitat ou encore à une chasse trop intensive. Il faut protéger ces espèces et leurs lieux de vie.

△ Les déchets polluent l'environnement. Ils sont aussi dangereux pour les animaux, qui peuvent se retrouver coincés dans des canettes ou des bouteilles vides. Ramasser les détritus est un bon moyen de protéger les animaux.

△ Les râles nichent dans les champs et beaucoup étaient tués pendant les moissons. De nouveaux moyens de récolte contribuent à leur préservation.

◁ Les dodos vivaient autrefois sur l'île Maurice. Mais ils ne pouvaient pas voler et étaient des proies faciles pour les marins abordant l'île. Le dodo a disparu au XVIIe siècle.

▽ Durant les 50 dernières années, la survie des baleines était menacée par une chasse intensive. Maintenant cette chasse est très réglementée.

En savoir plus

- Baleine
- Bison et bœuf musqué
- Panda
- Tigre

Puma

Les pumas sont de grands félins d'Amérique. On les appelle aussi couguars ou lions des montagnes. On ne les trouve plus que dans des endroits très sauvages.

△ Les pumas chassent surtout la nuit, ils ont donc une bonne vue et une bonne ouïe pour repérer leur proie. Comme beaucoup de félins, ils ont une couche réflective dans l'œil pour mieux voir dans le noir.

△ **1** Pour comprendre comment fonctionne un œil de puma, découpe la forme d'un œil dans du papier noir. Fixe-le sur une boîte en fer avec un élastique.

▷ **2** Éteins la lumière et braque une lampe torche sur le fond de la boîte à travers le trou. Tu verras le reflet de la lumière revenir vers toi.

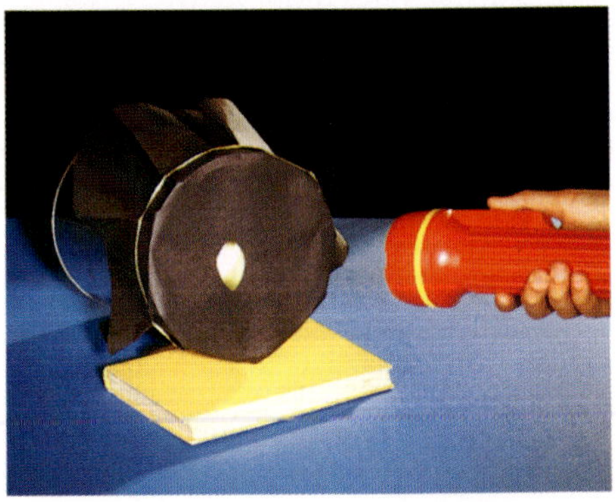

Infos

- Le puma fait les mêmes bruits qu'un chat, mais en plus fort.
- Le mâle peut atteindre 3 m du nez à la queue.
- Les pumas chassent des cervidés.

◁ Les femelles pumas ont tous les deux ans un à cinq petits tachetés. À partir de deux mois, ils suivent leur mère à la chasse pour apprendre à capturer des proies.

En savoir plus

Chat (domestique)
Chat (sauvage)
Guépard
Lion
Panthère
Tigre

Raie

Les raies sont des poissons aux nageoires plates semblables à des ailes. Leurs yeux se trouvent au-dessus de la tête et leur bouche au-dessous. Les raies se posent souvent sur le fond, à demi enfouies dans le sable, à l'affût d'une proie. On en trouve dans toutes les mers, surtout les mers chaudes.

△ Les raies mantas font environ 7 m d'envergure. Elles sautent parfois hors de l'eau pour se débarrasser des petits animaux accrochés à elles.

Infos

- La décharge d'une torpille peut atteindre 220 volts, assez pour étourdir un homme.
- On appelle la raie manta « diable de mer » à cause de ses cornes.
- La raie manta utilise ses cornes pour amener le plancton vers sa bouche.

△ Les torpilles sont des raies électriques. Elles ont des organes dans la tête qui émettent des décharges assommant leurs proies.

▷ La piqûre de l'aiguillon de la pastenague est douloureuse.

En savoir plus
Anguille
Méduse
Poisson plat
Requin

Rat

Les rats sont des rongeurs aux dents aiguisées, au corps couvert de fourrure, à la longue queue. Il existe plus de 120 espèces de rats dans le monde. Les rats noirs et les surmulots sont les plus répandus.

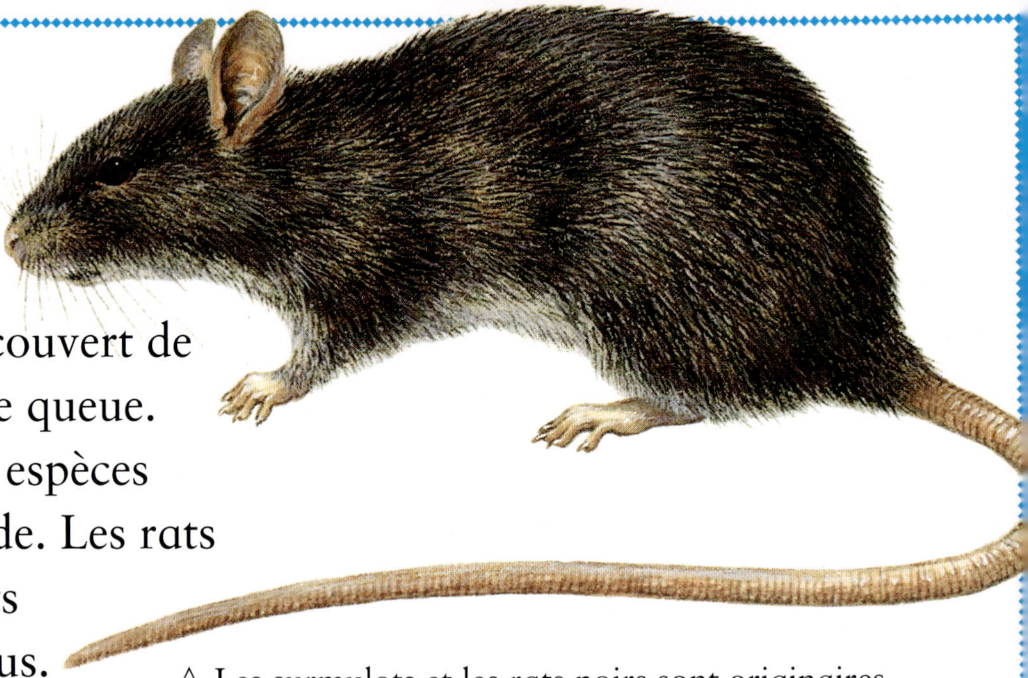

△ Les surmulots et les rats noirs sont originaires d'Asie. Aujourd'hui ils vivent partout où vivent les hommes. On dit qu'il y a probablement autant de rats que d'humains sur la Terre.

△ Les femelles de rats noirs et de surmulots ont entre 6 et 22 petits par portée, jusqu'à sept fois par an.

▷ Les rats des bois sont des rongeurs qui se font un nid de plantes, vivent la nuit et mangent des céréales et des herbes.

Infos

- Les rats sont les vecteurs de 30 maladies.
- Au Moyen Âge, un Européen sur quatre est mort de la peste répandue par les rats.
- On dit que les rats peuvent ronger des câbles électriques !

▷ On considère que les rats sont nuisibles car ils transmettent des maladies et souillent les aliments. Ils sont intelligents et peuvent venir à bout de bien des obstacles en les rongeant avec leurs dents aiguisées.

En savoir plus

Castor
Cochon d'Inde, gerbille et hamster
Souris

Raton laveur

On reconnaît un raton laveur à sa queue rayée et à ses yeux cernés de noir. Les ratons laveurs vivent dans les forêts nord-américaines mais ont appris à se rapprocher des villes pour profiter des restes laissés par les humains.

△ Les poubelles des hommes constituent un excellent repas pour un raton laveur. Cet animal peut s'habituer aux humains et être plus ou moins apprivoisé mais il gardera toujours son instinct sauvage.

Infos

- Le raton laveur ne lave pas ses aliments, mais en captivité il les trempe parfois dans l'eau, sans doute par instinct de pêche.
- En liberté, les ratons laveurs vivent cinq ans.

△ Les petits sont sevrés à deux mois, mais restent sous la protection de leur mère jusqu'à un an.

▷ Dans la nature, les ratons laveurs mangent des baies, des glands et des graines. Ils vivent souvent près des rivières, où ils attrapent des crabes, des grenouilles et des poissons. Quand les jeunes sont assez grands, ils quittent leur mère pour vivre seuls.

En savoir plus
Castor
Ours
Panda
Renard

Renard

Les renards sont des petits canidés sauvages qui ont des pattes courtes et une grande queue touffue.
Ils chassent la nuit et dorment le jour dans leur tanière : la renardière.
La femelle du renard est la renarde, les petits sont les renardeaux.

△ Le renard commun vit en forêt et mange des petits animaux, des insectes et des fruits. Les renards vivant près des villes mangent parfois dans les poubelles.

◁ On trouve des renards partout dans le monde. Le fennec vit dans les déserts d'Afrique du Nord et d'Arabie.
Le jour, il reste au fond de sa tanière souterraine pour éviter la chaleur.
Ses grandes oreilles l'aident aussi à s'aérer.

▷ Les renards ont de grandes oreilles pointues qui leur donnent une excellente ouïe. Cela leur permet de détecter le moindre bruit d'animal. Roule deux morceaux de carton en cône et tiens-les sur tes oreilles. Demande à un ami de faire du bruit derrière toi et compare ton audition avec et sans les cônes.

En savoir plus

Chien (domestique)
Chien (sauvage)
Loup

Renne

On trouve des rennes autour du pôle Nord en Asie, Europe et Amérique. Ils vivent dans les plaines et les forêts. Au Canada, on les appelle « caribous ».

▽ Comme tous les cervidés, les rennes perdent leurs bois au printemps. Puis une nouvelle paire pousse jusqu'à l'automne. Les rennes sont la seule espèce de cervidé où la femelle aussi porte des bois.

△ Les rennes mangent de l'herbe, du lichen et des petites branches. En hiver, ils fouillent la neige avec leurs sabots pour découvrir la végétation. Leur pelage est gris en hiver et marron en été.

▽ Les rennes sont domestiqués depuis 3 000 ans. En Europe et en Asie, on les élève pour tirer des traîneaux et pour leur viande et leur peau. Les caribous, eux, sont restés sauvages.

◁ Les rennes sont de grands migrateurs. Ils vont vers le sud en automne et vers le nord au printemps. Les jeunes ou les individus faibles sont souvent victimes des loups au cours de ces voyages.

En savoir plus
Cervidé
Élan et cerf
Mammifère
Migration

Reproduction

Des énormes baleines aux minuscules fourmis, tous les animaux doivent se reproduire pour que leur espèce survive. Il existe de nombreuses manières de le faire.

1

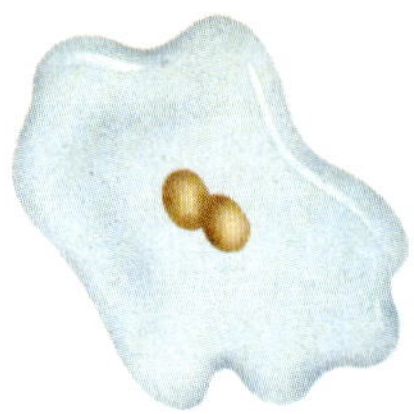

2

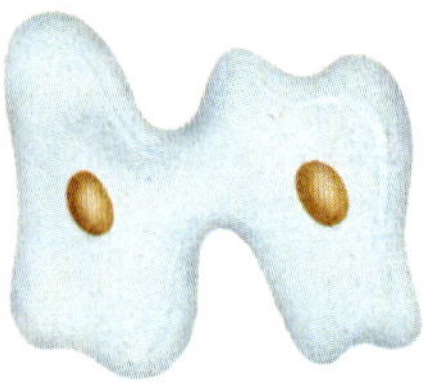

3

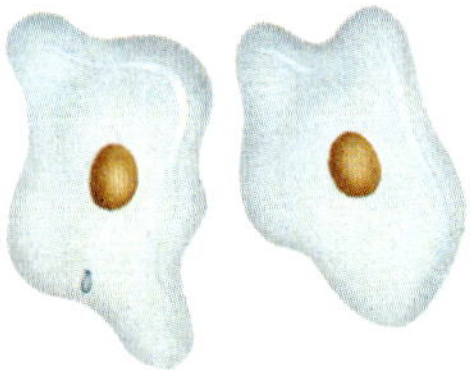

△ L'amibe est un animal microscopique constitué d'une seule cellule. Elle se reproduit très simplement, en se divisant en deux. Les nouvelles cellules agiront de la même façon.

1

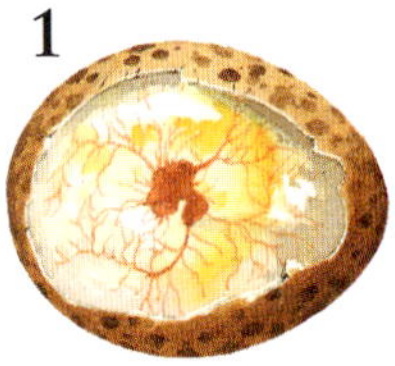

2

3

4

▽ **1** Quand deux oiseaux s'accouplent, le mâle fertilise un œuf à l'intérieur de la femelle. Puis un oisillon commence à grandir. **2** Le bébé se nourrit du jaune et du blanc de l'œuf. **3, 4** Quand il est prêt, l'oisillon casse sa coquille et sort de l'œuf.

△ Les bébés de presque tous les mammifères grandissent dans le corps de leur mère et naissent entièrement formés. Ils doivent être nourris et protégés avant d'être prêts à se débrouiller seuls.

◁ Tu peux aider les oiseaux à élever leurs petits en fixant un nid en bois sur un arbre ou un bâtiment. Il doit être placé entre 2 et 5 m de haut. Prends des notes sur la croissance des oisillons.

▷ Pour la reproduction, il faut un mâle et une femelle, mais les vers de terre sont les deux à la fois. Ils produisent tous des œufs qui peuvent être fécondés par n'importe quel autre ver.

En savoir plus

Animal microscopique
Bébés animaux
Mammifère
Oiseau

Reptile

Les reptiles sont des animaux à peau écailleuse. Certains sont terrestres, d'autres aquatiques. Les principaux reptiles sont les lézards, les serpents, les crocodiles et les tortues. Ils vivent surtout dans les régions chaudes.

△ Bien que certains serpents soient dangereux pour l'homme, beaucoup sont inoffensifs et peuvent devenir des animaux de compagnie.

1

2

△ Pour faire un collage de reptile, dessine la forme d'un lézard sur du carton. Utilise des lentilles de couleurs différentes et colle-les en bandes pour figurer les écailles.

▷ Les reptiles ne contrôlent pas la température de leur corps. Pour se réchauffer, ces lézards doivent s'étendre au soleil. Pour se rafraîchir, ils se mettent à l'ombre.

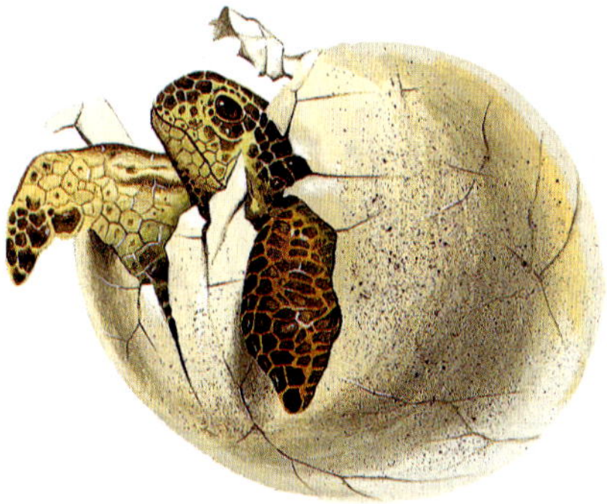

△ La plupart des reptiles pondent des œufs. Les œufs de crocodile et de tortue sont durs, ceux de lézard et de serpent sont mous.

▽ Certains reptiles sentent avec leur langue. Au lieu de renifler l'air pour détecter des odeurs, ils sortent leur langue pour le « goûter » et trouver des traces de proies.

En savoir plus

Alligator et crocodile

Crotale

Iguane et varan de Komodo

Lézard

Tortue

Requin

Les requins sont les prédateurs les plus effrayants de l'océan. Ce sont d'excellents chasseurs. Ils repèrent leurs proies à l'odeur ou grâce à des organes sensoriels spéciaux qui captent les ondes électriques émises par les êtres vivants.

Grand requin blanc

△ Le requin le plus dangereux de tous est le grand requin blanc. Il peut atteindre 8 m de long et a une grande mâchoire garnie de dents très acérées. Les grands requins blancs vivent dans toutes les mers chaudes du monde. Ils s'attaquent parfois aux nageurs et aux surfeurs mais préfèrent les phoques.

Requin-marteau

◁ Le requin-marteau doit son nom à la forme particulière de sa tête. Les requins sont des poissons mais ils ont une peau rugueuse au lieu d'écailles et leur squelette est constitué de cartilage.

◁ Avec 15 m de long, le requin-baleine est le plus grand des poissons. Pourtant il mange une des plus petites créatures marines, le plancton.

En savoir plus

Dauphin
Orque
Phoque et otarie
Raie

Rhinocéros

Les rhinocéros sont de gros animaux très lourds qui vivent dans les prairies d'Asie et d'Afrique. Ils sont protégés des prédateurs par des cornes pointues et une peau épaisse comme une armure. Bien que leur corne soit très dure, elle est constituée de poils.

△ Les rhinocéros peuvent peser 15 tonnes et charger à 50 km/h.

▽ Les rhinocéros ont une très mauvaise vue, mais un bon odorat. Les femelles accompagnées de leur petit se préparent à charger quand elles se sentent menacées par une odeur ou un bruit inhabituel. Les mâles ont souvent mauvais caractère. Mais les rhinocéros supportent très bien les pique-bœufs, qui les débarrassent des insectes envahissant leur peau.

Rhinocéros unicorne de l'Inde **Rhinocéros blanc d'Afrique** **Rhinocéros noir d'Afrique**

△ Les rhinocéros africains ont deux cornes, ceux d'Asie une seule. Le rhinocéros indien a une longue lèvre supérieure pour manger des roseaux et des herbes hautes. Le blanc, qui est en fait gris, a une lèvre supérieure large pour brouter, et celle du noir est en pointe, pour arracher les feuilles.

En savoir plus
Cheval
Cochon
Éléphant
Hippopotame

Saumon et truite

Les saumons et quelques espèces de truites vivent dans les zones froides de l'Atlantique et du Pacifique. Mais la plupart des truites sont des poissons d'eau douce. Les plus grands saumons pèsent 30 kg et les plus grandes truites, 13 kg.

△ Il y a plusieurs espèces de truites. La truite arc-en-ciel est l'une des plus communes. Elle vient d'Amérique du Nord et a été importée en Europe. C'est l'une des proies favorites des pêcheurs amateurs.

▷ Pour pondre, les saumons doivent parcourir des centaines de kilomètres, de la mer où ils vivent à la rivière où ils sont nés. Ils luttent contre le courant pour remonter la rivière et sont capables de faire des bonds de 3,50 m de haut pour franchir les chutes d'eau.

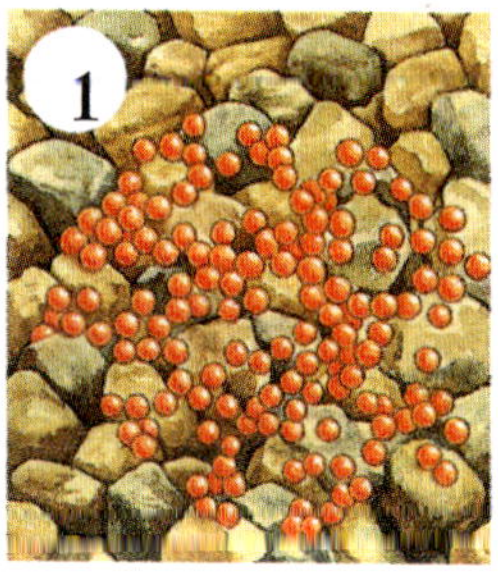

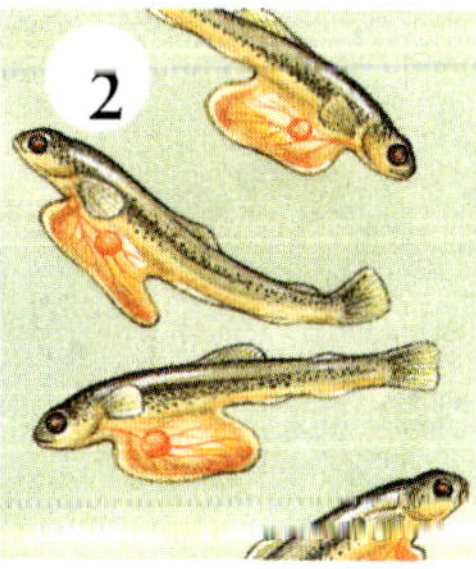

▽ **3** À un an, les jeunes commencent à avoir des rayures. **4** Quand ils font 15 cm, les saumons deviennent argentés. Ils sont prêts à descendre la rivière pour gagner la mer, où ils deviendront adultes.

△ **1** La femelle saumon fait un trou dans le gravier de la rivière et pond ses œufs. Puis le mâle les fertilise. **2** À la naissance, les alevins ont une poche de nourriture sous le ventre.

En savoir plus
- Migration
- Poisson
- Poisson-épée
- Reproduction

Scarabée

Il existe plus de deux cent cinquante mille espèces de scarabées dans le monde. Ils ont des formes et des couleurs très variées mais ils ont un point commun : une paire d'ailes délicates repliées sous leur carapace protectrice.

△ Certains scarabées aquatiques mangent des têtards et des petits poissons. Avant de plonger, les scarabées remontent à la surface pour récolter de l'air sous leurs ailes.

◁ Les lucioles sont des scarabées volants qui brillent dans le noir. Leur abdomen produit de la lumière pour attirer un partenaire. Ils émettent de courts flashs, chaque espèce selon une séquence spécifique. Chez le lampyre, ou « ver luisant », seule la femelle, qui ne vole pas, est lumineuse.

△ Les scarabées bousiers font une boule d'excrément pour y pondre un œuf. Quand la larve sort de l'œuf, elle se nourrit de la boule.

▽ Les lucanes sont très gros et peuvent atteindre 7,5 cm de long. Les mâles se battent souvent avec leurs énormes mandibules.

En savoir plus

Fourmi et termite
Insecte
Libellule
Mouche

Scorpion

Les scorpions sont des arachnides comme les araignées. Ils ont huit pattes, deux grandes pinces et un aiguillon au bout de la queue. Les scorpions restent cachés le jour et ne sortent que la nuit.

Infos

- Les scorpions ont des poils sur les pattes qui détectent les vibrations.
- Le scorpion impérial mesure 20 cm de long.
- Il existe plus de 1 300 espèces de scorpions dans le monde.

▷ Les scorpions attrapent leurs proies avec leurs pinces et les tuent en les piquant avec leur queue. Ils piquent aussi pour se défendre de prédateurs comme les mangoustes. Les aiguillons de la plupart des scorpions ne sont pas plus gros qu'un dard de guêpe mais certains sont mortels pour l'homme.

▽ Les œufs de scorpion se développent dans le corps de la femelle. Quand les petits naissent, ils s'installent sur le dos de leur mère.

△ Il arrive que des mâles se battent pour une femelle, en luttant avec leurs pinces et en tentant de se piquer. Avant de s'accoupler, un mâle et une femelle effectuent une sorte de danse en se tenant par les pinces.

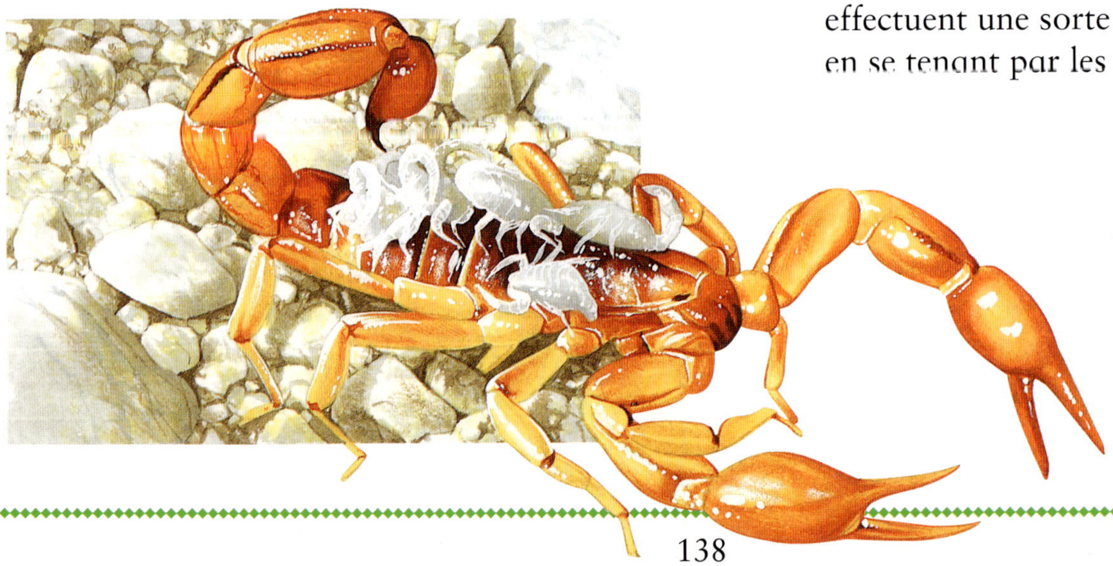

En savoir plus

Araignée
Défense
Homard et écrevisse

Singe

Les singes sont des mammifères intelligents pouvant résoudre des problèmes et tenir des objets dans leurs mains. Ils vivent en groupe dans les forêts tropicales d'Asie, d'Afrique et d'Amérique. Les singes mangent des plantes, des œufs d'oiseaux, des petits animaux et des insectes.

△ Les yeux d'un singe sont tournés vers l'avant, ce qui lui permet de bien voir ses proies. Les singes chassent surtout le jour.

△ Les singes hurleurs vivent en Amérique du Sud et sont de bons grimpeurs. Ils utilisent leur queue comme une cinquième main pour se balancer de branche en branche. Les singes hurleurs vivent en groupes dirigés par un vieux mâle. Leur nom vient des grands cris que pousse le groupe pour chasser un intrus.

▷ Les capucins sont des petits singes de la jungle amazonienne. Comme ils sont intelligents et curieux de nature, on les apprivoise souvent pour leur apprendre des tours.

Infos

- Les singes ont une queue, alors que les grands singes, ou anthropoïdes, n'en ont pas.
- Une femelle singe a souvent un bébé et parfois des jumeaux.

▽ Le nasique vit à Bornéo. Son nom signifie « grand nez » en latin. Sa longue queue ne lui sert que de balancier.

En savoir plus

Babouin
Chimpanzé
Gorille
Lémurien
Orang-outan

Sirénien

Les dugongs et les lamantins sont des siréniens. Ce sont de gros mammifères herbivores qui mangent des algues et des herbes aquatiques. Les dugongs vivent dans les parties chaudes des océans Indien et Pacifique. Les lamantins peuplent les eaux tropicales douces ou salées d'Amérique et d'Afrique.

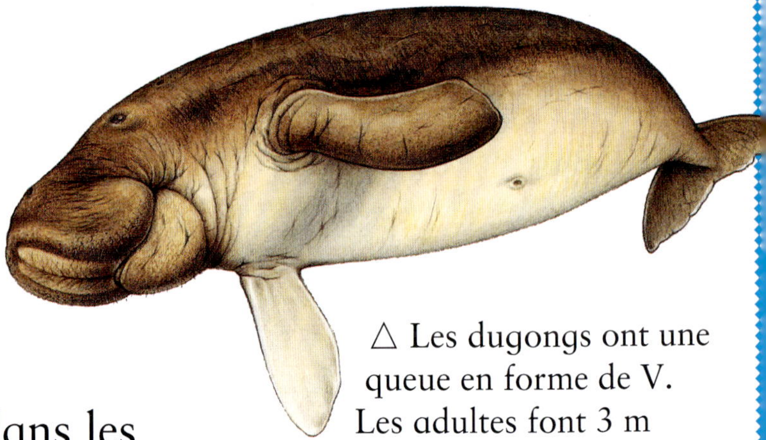

△ Les dugongs ont une queue en forme de V. Les adultes font 3 m de long. Les dugongs mâles ont des défenses.

Infos

- Les siréniens ont un bébé à la fois.
- Les siréniens allaitent leurs petits. Les mères tiennent parfois leur bébé contre leur tétine avec une nageoire.
- Les lamantins de l'Amazone vivent en groupes de 500.

▽ Les lamantins ont une queue aplatie comme une rame. Ils nagent lentement et ont la vue basse.

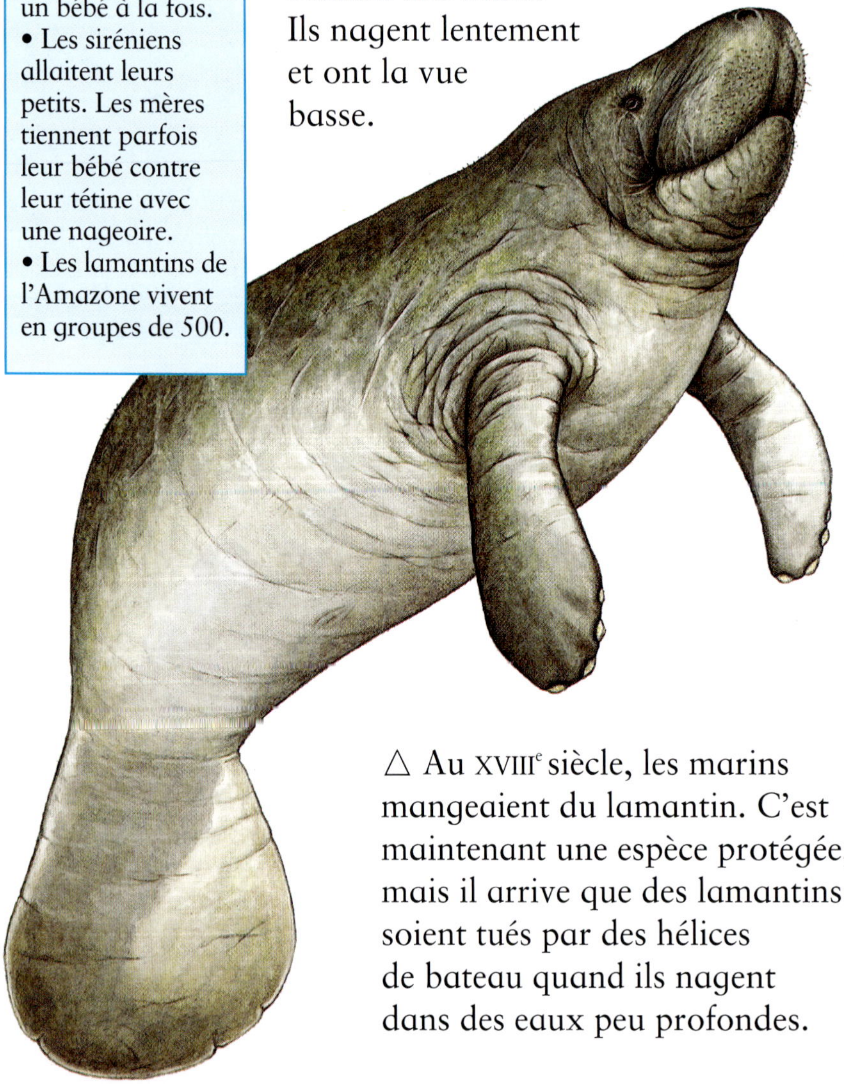

△ Les siréniens vivent seuls ou en petits groupes. Ils ont l'air affectueux : les lamantins se saluent souvent en se touchant le nez, comme s'ils s'embrassaient.

△ Au XVIIIe siècle, les marins mangeaient du lamantin. C'est maintenant une espèce protégée, mais il arrive que des lamantins soient tués par des hélices de bateau quand ils nagent dans des eaux peu profondes.

En savoir plus

Baleine
Dauphin
Morse
Phoque et otarie

Souris

Les souris sont des petits rongeurs à la longue queue et aux incisives pointues. Leurs dents poussent en permanence, c'est pourquoi les souris doivent toujours ronger, pour les user. On trouve des souris sauvages partout dans le monde.

△ Le rat des moissons est un bon grimpeur. Il construit des nids ronds sur des tiges herbacées.

△ Les souris ont une alimentation variée : graines, racines, fruits et insectes. Les souris qui vivent dans nos maisons apprécient aussi notre nourriture.

▽ Teste l'intelligence de ta souris avec ce labyrinthe. Coupe des bandes de 15 cm de large dans du carton. Fixe les bandes avec du ruban adhésif sur une planche en bois en formant un labyrinthe. Place de la nourriture à un bout et compte le temps que mets ta souris pour la trouver. Recommence pour voir si elle va plus vite la seconde fois.

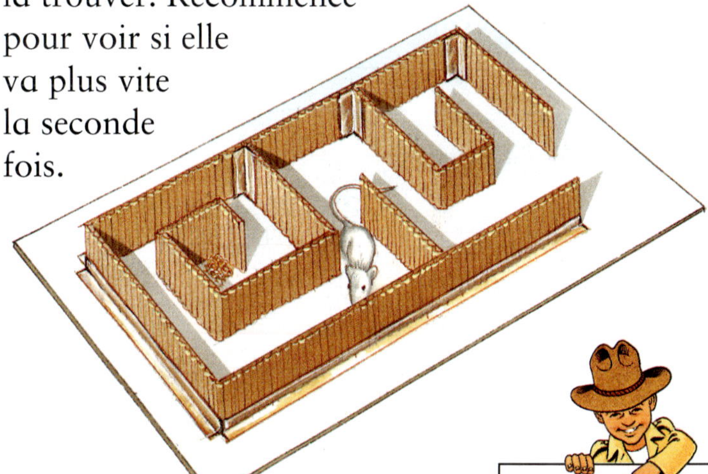

◁ Le loir vit en Europe et en Asie. Contrairement à la plupart des souris, sa queue est poilue. Les loirs font des nids de plantes et, dans les régions froides, hibernent l'hiver.

En savoir plus

Castor
Cochon d'Inde, gerbille et hamster
Nourriture
Rat

Sterne arctique

C’est une championne du voyage. À l’automne, ces petits oiseaux quittent leur nid sur la côte Arctique et partent vers le sud, pour passer quelques mois à pêcher dans l’océan Antarctique, de l’autre côté de la Terre. Et chaque printemps, ils font le chemin en sens inverse pour se reproduire.

◁ La sterne arctique pond deux ou trois œufs dans son nid, sur le sol gelé (la « toundra »). Elle défend ses œufs et ses poussins en plongeant sur ses ennemis.

△ Le voyage aller-retour de la sterne arctique fait 36 000 km. Mais il lui permet de profiter de l’inversion des saisons d’un hémisphère à l’autre et de vivre toujours en été. Les poussins naissent durant l’été arctique et, à l’automne, ils sont capables de faire le long voyage vers le sud avec leurs parents.

▽ La sterne fuligineuse et la sterne d’Australie vivent dans les îles tropicales. Contrairement à la sterne arctique, elles ne migrent pas.

Sterne fuligineuse

Sterne d’Australie

En savoir plus
Albatros
Migration
Mouette
Oiseau marin

Suricate

Les suricates sont des petits mammifères carnivores. Ils vivent dans les plaines arides du sud de l'Afrique. Les suricates sont bien connus pour leur manière comique de se tenir en groupe sur leurs pattes arrière pour guetter les prédateurs.

△ Les suricates dorment dans des terriers. Le jour, ils chassent. Le groupe est toujours protégé par des guetteurs qui signalent la présence de prédateurs, notamment d'oiseaux de proie.

▽ Les suricates chassent souvent en creusant le sol avec leurs griffes à la recherche de proies. Ils mangent des insectes, des petits animaux, des œufs et des racines. Les suricates ont un bon odorat, ainsi qu'une bonne vue et une bonne ouïe.

△ Comme les suricates, les mangoustes sont souvent obligées de se battre contre des serpents venimeux qui s'attaquent à leurs petits.

En savoir plus

Chat (sauvage)
Cobra
Mammifère
Mustélidé

Tarentule

Les tarentules sont de grosses araignées velues que l'on trouve dans les régions chaudes. Elles sont carnivores et chassent des insectes et de petits vertébrés. On les appelle très souvent «mygale».

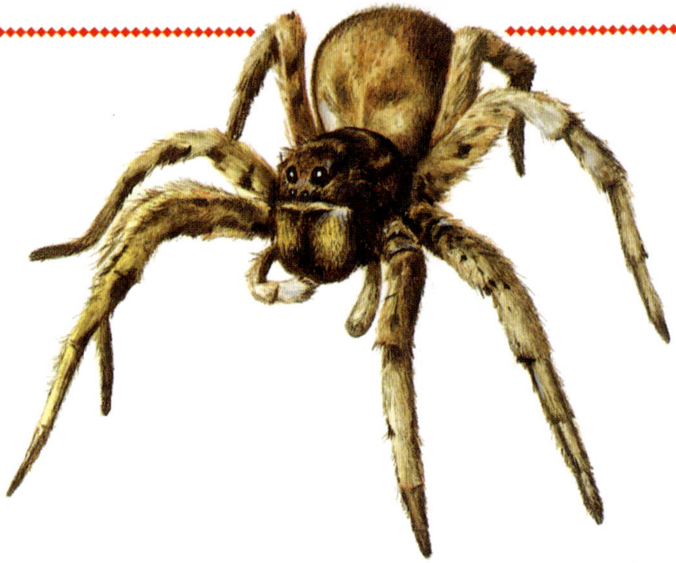

△ Comme beaucoup d'araignées, les mygales paralysent leur proie en lui injectant du venin. Certaines espèces chassent, d'autres tissent des toiles ou attendent à l'affût dans leur terrier.

Infos

- Certaines mygales vivent près de 30 ans.
- Leur corps peut mesurer 10 cm de long.
- Avec leurs pattes longues de 12 cm, elles couvrent la main d'un homme.

◁ La plupart des tarentules creusent leur nid dans le sol. Elles chassent la nuit et mangent des insectes, des grenouilles et des souris. Elle sont très rapides sur de courtes distances.

▷ Si elle se sent rassurée, on peut très bien prendre une mygale dans la main… à condition d'en avoir envie !

◁ Les tarentules sont des animaux pacifiques. Elles ne mordent les humains que si elles sont dérangées, mais leur venin est rarement mortel.

En savoir plus

Araignée
Insecte
Scorpion
Souris

Tatou

Le tatou est un mammifère cuirassé proche des fourmiliers et des paresseux. Il existe une vingtaine d'espèces de tatous, qui vivent en Amérique du Sud et dans certaines régions d'Amérique du Nord. Le plus commun est le tatou à neuf bandes.

△ Le tatou vit seul, en couple ou en petits groupes dans un terrier. Il sort la nuit pour se nourrir. Il est facilement effrayé et abandonne son nid s'il a peur.

◁ Le tatou mange des plantes, des insectes et des petits animaux. Il adore les fourmis et les termites, qu'il attrape en creusant la terre de ses griffes puissantes.

Infos

- Malgré sa lourde armure, le tatou nage bien. Pour mieux flotter, il avale de l'air.
- Le plus petit des tatous est le tatou de Burmestier, qui mesure 12,5 cm.
- Le tatou à neuf bandes mesure environ 40 cm, plus 30 cm de queue.

▽ Quand il se sent menacé, le tatou se roule en boule, ne laissant voir que les plaques dures de sa tête et de sa queue.

En savoir plus

Fourmi et termite
Fourmilier
Hérisson
Oryctérope
Paresseux

Taupe

Les taupes sont des petits mammifères qui passent leur vie sous terre. Nous nous apercevons de leur présence à cause des monticules de terre qu'elles font en creusant des galeries. On trouve des taupes en Europe, en Asie et en Amérique du Nord.

△ De grosses pattes avant, un nez pointu et des griffes aiguisées : les taupes sont bien équipées pour creuser. Bien que leur vue soit très faible, les taupes chassent sans problème les insectes et les vers grâce à leur odorat très développé.

△ Les bébés naissent dans un nid au fond des souterrains. Ils ont de la chance d'être nés car leurs parents, comme toutes les taupes, ont commencé par se battre avant l'accouplement.

◁ En creusant des galeries, les taupes repoussent la terre vers la surface, ce qui crée des taupinières. On en voit surtout en automne, quand les jeunes taupes s'installent.

Infos

- Les taupes sortent la nuit pour chercher des matériaux pour leur nid.
- La taupe à nez étoilé a une couronne de tentacules sensoriels sur le museau.

◁ On trouve les taupes dorées dans les régions sèches d'Afrique. Elles vivent dans le sable, où elles rampent à la recherche de proies. Leur fourrure, comme celle de toutes les taupes, est extrêmement douce.

En savoir plus

Blaireau
Mammifère
Souris
Ver

Tigre

Les tigres sont les plus grands des félins. Ils vivent dans les prairies et les forêts d'Asie. Leur pelage rayé les camoufle parfaitement dans la végétation.

△ La tigresse met bas un à trois petits qui restent un peu plus d'un an avec leur mère.

△ Le tigre s'approche lentement de sa proie à travers les herbes hautes. Quand il est assez près du daim, il bondit sur son dos. Puis il lui mord le cou pour le tuer.

◁ Les tigres sont chassés pour leur fourrure magnifique et aussi pour leurs os et certains organes, qui sont utilisés en médecine traditionnelle chinoise. De nos jours, les tigres sont en voie de disparition.

En savoir plus
Chat (sauvage)
Guépard
Lion
Panthère

Tortue

Les tortues sont des reptiles des régions chaudes. Il existe des espèces terrestres, marines et d'eau douce. Toutes les tortues sont protégées par une carapace.

△ De nombreuses tortues marines ne quittent jamais l'eau. Leurs pattes sont en fait des nageoires. Seules les femelles regagnent parfois le sol pour pondre sur la plage où elles sont nées.

Infos

- La tortue verte peut nager sur 480 km en 10 jours quand elle se rend sur un lieu de ponte.
- La tortue luth, une tortue marine, est la plus grande des tortues et peut atteindre 2 m de long pour un poids de 200 kg.

◁ Les tortues vivent sur presque tous les continents. Elles grandissent lentement et peuvent dépasser l'âge de 150 ans.

◁ **1** Cette tortue marine quitte l'eau pour pondre. **2** Elle enterre ses œufs, puis retourne dans la mer. La chaleur du soleil les maintient à la bonne température pendant l'incubation.

▷ **3** Les bébés doivent casser leur œuf et creuser pour sortir du sable. **4** Les petites tortues sont obligées de gagner la mer très rapidement sinon elles sont mangées par des prédateurs.

En savoir plus
Caméléon
Lézard
Reproduction
Reptile

Toucan

Les toucans vivent dans les forêts tropicales d'Amérique. Leur bec très coloré effraie les autres oiseaux. Ce bec est presque aussi grand que leur corps, mais très léger. Les toucans ont une grande queue pour maintenir leur équilibre.

▽ Les toucans se rassemblent au sommet des arbres pour manger des fruits. Pour avaler, ils doivent pencher la tête en arrière et laisser tomber les fruits au fond de leur gorge.

Infos

- Il existe environ 40 espèces de toucans, les plus grands font 60 cm de long.
- Les plus grands toucans mangent des œufs, des petits oiseaux et des lézards.
- Les toucans sont très bruyants. Ils poussent de grands cris, des glapissements et des ululements.

▷ Les toucans ont des poils au bout de la langue pour mieux tenir la nourriture.

◁ Les calaos ont aussi un très grand bec, qui est en plus surmonté d'un casque. Ils vivent en Afrique et dans le sud de l'Asie. Leur bec est assez puissant pour broyer des petits reptiles.

En savoir plus

Colibri

Flamant, héron et cigogne

Oiseau

Triton

Les tritons sont des amphibiens, c'est-à-dire qu'ils vivent à la fois sur terre et dans l'eau. Ils naissent dans l'eau et, une fois adultes, gagnent le sol. Les tritons vivent dans les forêts humides d'Europe, d'Asie et d'Amérique du Nord.

△ Au printemps certains mâles prennent des couleurs éclatantes ou mettent leur crête en valeur pour attirer les femelles.

◁ Les tritons ont plusieurs phases de croissance. **1** Au printemps, les femelles regagnent l'eau pour pondre. **2** Chaque œuf devient un têtard, avec des branchies pour respirer. **3, 4** Les pattes et les poumons se développent et les branchies disparaissent. **5** À l'automne, le têtard est devenu un triton adulte et peut vivre sur terre.

▽ Les tritons, comme ce triton crêté, sont de très bons nageurs. Selon les espèces, ils passent plus ou moins de temps dans l'eau, mais tous les tritons y retournent pour pondre.

△ Les salamandres sont parentes des tritons. Elles vivent sur terre et ne retournent dans l'eau que pour pondre. Elles ne savent pas bien nager et se noient en eau profonde.

En savoir plus

Grenouille et crapaud

Iguane et varan de Komodo

Lézard

Vache et taureau

Les vaches et les taureaux sont des bovins. Ils sont élevés dans le monde entier pour leur viande, que l'on appelle du bœuf, et pour le lait. On utilise aussi leur peau pour faire des chaussures et des vêtements en cuir.

△ Les vaches qui sont élevées pour leur lait sont des vaches laitières. Deux fois par jour, on les ramène des champs pour les traire. Des machines spéciales aspirent le lait de leurs pis.

Vache frisonne

Vache jersiaise

Taureau Hereford

Vache West Highland

△ Les bovins sont très forts. On les utilise dans de nombreuses régions du monde pour tirer les charrues et les chariots.

△ Il y a plus de 250 races de vaches et chacune a sa particularité. Les vaches frisonnes donnent beaucoup de lait. Les vaches jersiaises sont réputées pour leur lait riche et crémeux. Les Hereford fournissent une bonne viande. Les West Highland peuvent résister à des hivers très rigoureux.

En savoir plus

Bison et bœuf musqué

Buffle

Cochon

Vautour

Les vautours sont des oiseaux de grande envergure à l'allure un peu étrange. Ils vivent dans le monde entier. Les vautours se nourrissent d'animaux morts.

◁ De nombreux vautours, comme ce vautour pape, n'ont pas de plumes sur la tête et le cou. Cela leur évite de se salir en mangeant. Le vautour pape a une tête très colorée pour attirer les femelles.

△ Les vautours ont une vue perçante. Ils planent dans les airs à la recherche de proies abandonnées.

△ Les vautours, comme ce vautour de Rüppell se posent souvent sur les arbres près d'un lion en train de manger, attendant qu'il leur laisse les restes de son repas.

▽ Les vautours ont un rôle très utile car ils nettoient les carcasses d'animaux laissées par les prédateurs. Quand ils ont repéré un cadavre, ils se posent pour manger. Certains vautours vivent près des villes et se nourrissent dans les décharges.

En savoir plus

Aigle

Chouette

Oiseau

Ver

Les vers sont des animaux à corps mou sans os ni pattes. Certains, tel le ver de terre, vivent dans le sol. D'autres, dans la mer. Les vers peuvent même vivre sur ou dans le corps d'autres animaux.

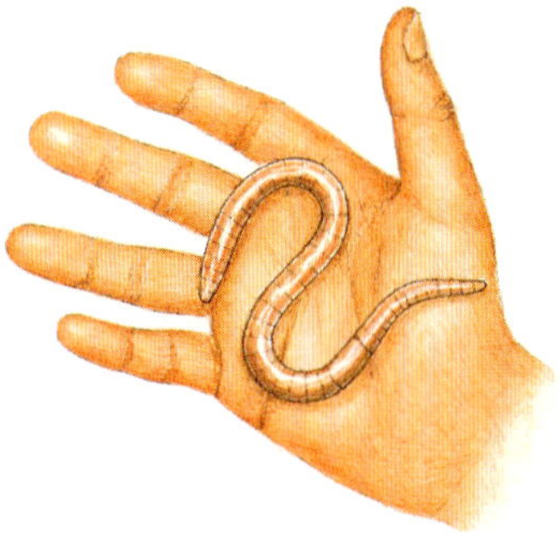

◁ Tiens un ver de terre dans ta main et tu verras les segments de son corps. Ce sont leurs mouvements qui lui permettent de se déplacer.

▽ Les vers de terre se font un chemin dans le sol en le mangeant. La terre entre par un bout du ver et ressort par l'autre. Cela donne ces petits monticules de terre filtrée que l'on voit dans les jardins.

△ Tu peux faire ta propre ferme de vers. Mets en alternance des couches de terre et de sable dans un grand bocal en verre. Place quelques vers sur le dessus avec des feuilles pour les nourrir. Puis couvre le pot avec un filet fixé par un élastique. Entoure le bocal de papier noir. Après deux ou trois jours, retire le papier et tu verras ce que sont devenues les feuilles et les différentes couches. Relâche les vers au bout d'une semaine.

En savoir plus
Animal microscopique
Corail
Limace et escargot
Petites bêtes
Reproduction

Yack

Les yacks sont de gros bovins couverts de poils qui vivent au Tibet. Leur épaisse fourrure les protège des rudes hivers montagnards. Certains sont sauvages mais la plupart sont des animaux domestiques.

△ La couleur de la fourrure du yack domestique peut aller du blanc au noir. Les yacks sauvages ont de longs poils noirs ou bruns et sont plus grands que les yacks domestiques.

▽ Les yacks sont élevés depuis 2 000 ans par les Tibétains pour leur lait, leur viande, leur cuir, leur laine et pour le transport. Les yacks ont le pied sûr en montagne et peuvent survivre aux conditions les plus dures.

◁ Les yacks sauvages font près de 2 m au garrot. Les femelles et les jeunes vivent ensemble en troupeaux. Les mâles vivent en petits groupes.

En savoir plus

Bison et bœuf musqué

Buffle

Zèbre

Proches parents des chevaux, les zèbres sont des mammifères herbivores qui vivent dans les grandes plaines d'Afrique, au sud du Sahara. Leurs robes rayées font un excellent camouflage dans les hautes herbes. Et même si on les voit, les zèbres courent plus vite que la plupart de leurs prédateurs.

△ Les zèbres vivent en groupes comprenant un étalon (mâle), plusieurs juments (femelles) et leurs poulains (jeunes). Si un lion s'approche, les juments mettent les jeunes en sécurité, tandis que l'étalon rue de ses puissantes pattes arrière.

Infos

- Les zèbres sont plus petits que les chevaux : 2,20 m de long et 1,30 m au garrot.
- Les femelles quittent leur famille à 2 ans pour rejoindre un autre groupe.
- Les mâles, eux, la quittent à 4 ans.

△ S'il y a beaucoup d'herbe à brouter et de l'eau en quantité, les familles de zèbres se regroupent en immenses troupeaux. Quand la nourriture est rare, ils parcourent de grandes distances, traversant parfois de larges fleuves pour trouver des pâturages.

△ Les rayures du zèbre de Grévy sont plus fines que celles des autres espèces. Comme une empreinte digitale, le dessin formé par les rayures est unique.

En savoir plus

Âne
Antilope
Cheval
Girafe

Glossaire

Un **glossaire** est une liste de mots utiles. Certains des termes utilisés dans ce livre sont peut-être nouveaux pour toi. Leur sens est expliqué ici.

animal de compagnie un animal qui vit avec les hommes sans travailler.

animal domestique un animal qui est apprivoisé pour être utile aux hommes dans leurs travaux.

carnivore un animal qui mange la chair d'autres animaux.

cellule l'élément de base de toute forme de vie. Chaque être vivant est composé de cellules.

dénudée ce dit d'une zone sans poils de la peau d'un animal ou d'une région sans végétation.

environnement c'est l'endroit où vit un animal.

espèce une sorte particulière d'animaux. Les membres d'une espèce se ressemblent et se comportent de la même façon. Les animaux ne peuvent se reproduire normalement qu'avec des membres de leur espèce.

espèce en danger si une espèce risque de disparaître, on dit qu'elle est en danger.

espèce éteinte si une espèce animale a disparu de la Terre, on dit qu'elle s'est éteinte.

herbivore un animal qui ne mange que des plantes.

invertébré un animal qui n'a pas de colonne vertébrale.

métamorphose le changement complet d'un animal lors de sa croissance. Par exemple, le têtard se métamorphose en grenouille et la chenille en papillon.

migration le déplacement effectué par tout un groupe d'animaux pour changer de climat ou trouver de la nourriture ailleurs.

nocturne un animal nocturne dort le jour et est actif la nuit.

omnivore un animal qui mange à la fois des plantes et de la viande.

plancton animaux ou plantes minuscules qui flottent dans les océans, les lacs et les rivières.

prédateur un animal qui chasse et mange d'autres animaux.

préhensile se dit d'un membre qui permet de saisir. De nombreux singes ont une queue préhensile, la trompe des éléphants est préhensile.

proie c'est un animal qui est chassé et tué par un autre pour être mangé.

rongeurs un groupe de petits mammifères comme les rats et les écureuils aux incisives longues et coupantes. Ces incisives leur servent à ronger leur nourriture ou des matériaux comme le bois. Quand elles sont usées elles repoussent.

savane prairie chaude et sèche où ne poussent que quelques arbres.

toundra région froide et sans arbres de l'Arctique. Le sol y est si froid que seules quelques petites plantes peuvent pousser.

tropiques régions chaudes situées de part et d'autre de l'équateur. Les forêts tropicales sont chaudes et humides.

vertébré un animal qui a une colonne vertébrale.

Index

Cet index te permet de trouver des mots dans ton livre. Les titres des chapitres sont écrits en **gras**.

Remerciements

Photographies
Couverture : Thomas Retterath
Lyndon Parker: 3h, 4b, 11h, 14h, 20b, 25cg, 25b, 28bd, 30cg, 33cg, 33bg, 34h, 35cg, 40bg, 41h, 43b, 44h, 47c, 49b, 57h, 66hd, 77b, 86h, 86b, 96h, 98hd, 100c, 113bg, 118bg, 122cg, 122b, 124h, 125h, 126cg, 126cd, 130b, 133, 144b, 151cg, 153hd; Alamy/FLPA 42b; Alamy/John Cancalosi 60h; Alamy/Buddy Mays 74cg; Alamy/Frans Lanting Studio 74b; Alamy/Nature Photographers Ltd 128cg; Flickr/Gilles San Martin 140; Flickr/Allan Hopkins 144; All other images Shutterstock.
(h : haut ; b : bas ; c : centre ; d : droite ; g : gauche)

Illustrations
Graham Allen, Norman Arlott, Mike Atkinson, Craig Austin, Peter Barrett, Caroline Bernard, Robin Bouttell (Wildlife Art Agency), Peter Bull, John Butler, Robin Carter (Wildlife Art Agency), Jim Channel, Dan Cole (Wildlife Art Agency), David Cook, Richard Draper, Brin Edwards, Cecelia Fitzsimons (Wildlife Art Agency), Wayne Ford (Wildlife Art Agency), Chris Forsey, Ray Greenway, Nick Hall, Darren Harvey (Wildlife Art Agency), David Holmes, Steve Howes, Mark Iley (Wildlife Art Agency), Ian Jackson (Wildlife Art Agency), Martin Knowelden, Terence Lambert, Mick Loates, Bernard Long, Andrew Macdonald, Alan Male (Linden Artists Ltd), David Marshall, Doreen McGuinness, Brian Mcintyre, G. Melhuish, William Oliver, R.W. Orr, Nicki Palin, Bruce Pearson, Andie Peck (Wildlife Art Agency), Bryan Poole, Clive Pritchard (Wildlife Art Agency), John Rignall (Linden Artists Ltd), Steve Roberts (Wildlife Art Agency), Bernard Robinsons, Eric Robson (Garden Studio Illustrators' Agents), G. Robson, Mike L. Rowe (Wildlife Art Agency), Peter David Scott (Wildlife Art Agency), Guy Smith (Mainline Design), M. Stewart (Wildlife Art Agency), Mike Taylor (Garden Studio Illustrators' Agents), Joan Thompson, Treve Tamblin, Guy Troughton, Wendy Webb, Lynne Wells (Wildlife Art Agency), David Whatmore, Ann Winterbottom, David Wood (Wildlife Art Agency), David Wright, T. K. Wayte (David Lewis Management)

Mannequins
Zak Broscombe Walker, Kechet Buckle Zetty, Martha Button, Jennifer Ching, Yazmina Faiz, Ellie French, Jonathan Hodgson, Christopher Jones, Peter Kemp, Ellie Kemp, Daniel MacArthur Seal, Jamie Nazareth, Jack Nazareth, Julia Nazareth, Iynn-ade Odedina, Okikade Odedina, Michael Rego, Rudi Russell, Leila Sowahan